本书得到国家自然科学基金面上项目（71372023）和青年科学基金（71402129）、教育部人文社会科学基金（13YJC630226）、武汉大学"70后"学者学术发展计划的支持

管理学论丛

宏观制度环境、CEO管理自主权与微观企业行为

转型中国的证据

INSTITUTIONAL ENVIRONMENT, MANAGERIAL
DISCRETION AND FIRM BEHAVIORS:
EVIDENCE FROM TRANSITIONAL CHINA

张三保　张志学 ◎ 著

图书在版编目(CIP)数据

宏观制度环境、CEO 管理自主权与微观企业行为/张三保,张志学著. —北京:北京大学出版社,2014.11

(管理学论丛)

ISBN 978-7-301-25118-8

Ⅰ.①宏… Ⅱ.①张… ②张… Ⅲ.①企业战略—研究 Ⅳ.①F272

中国版本图书馆 CIP 数据核字(2014)第 267300 号

书　　名	宏观制度环境、CEO 管理自主权与微观企业行为——转型中国的证据
著作责任者	张三保　张志学　著
策 划 编 辑	贾米娜
责 任 编 辑	贾米娜
标 准 书 号	ISBN 978-7-301-25118-8
出 版 发 行	北京大学出版社
地　　　址	北京市海淀区成府路 205 号　100871
网　　　址	http://www.pup.cn
电 子 信 箱	em@pup.cn　　QQ:552063295
新 浪 微 博	@北京大学出版社　@北京大学出版社经管图书
电　　话	邮购部 62752015　发行部 62750672　编辑部 62752926
印 刷 者	北京飞达印刷有限责任公司
经 销 者	新华书店
	730 毫米×1020 毫米　16 开本　12.5 印张　204 千字
	2014 年 11 月第 1 版　2014 年 11 月第 1 次印刷
定　　价	35.00 元

未经许可,不得以任何方式复制或抄袭本书之部分或全部内容。
版权所有,侵权必究
举报电话:010-62752024　电子信箱: fd@pup.pku.edu.cn
图书如有印装质量问题,请与出版部联系,电话:010-62756370

献给我们的至亲

Dedicate to Our Family Members

本研究承蒙以下资助：

国家自然科学基金面上项目(71372023)
国家自然科学基金青年科学基金(71402129)
中国博士后科学基金面上项目(2013M540824)
教育部人文社会科学基金青年项目(13YJC630226)
中央高校基本科研业务费专项资金武汉大学自主科研项目
武汉大学"70后"学者学术发展计划"中国企业的国际竞争力提升"

第一章　引言	/1
一、研究问题	/1
二、研究目标	/2
三、研究框架	/4
四、研究创新	/7

第二章　管理自主权：融会中国与西方、连接宏观与微观	/8
一、问题提出	/8
二、管理自主权的本质与测量	/12
三、管理自主权的多重前因与多种效应	/16
四、中国情境下既有研究的现实启示	/23
五、既有研究不足与未来研究方向	/27

第三章　管理自主权：掠夺之手、无为之手还是扶持之手	/33
一、问题提出	/33
二、文献回顾与假设提出	/35
三、研究方法与实证分析	/41
四、研究结论与实践启示	/46

第四章　感知制度环境、管理自主权与企业地域多元化	/49
一、问题提出	/49
二、理论、框架与研究假设	/50
三、数据、样本与测量	/56
四、实证分析与结果	/59
五、结论、启示与不足	/67

第五章　城市制度环境、CEO 管理自主权与企业创新投入　/71
　一、问题提出　/71
　二、文献回顾与假设提出　/72
　三、城市制度环境与 CEO 管理自主权　/85
　四、管理自主权与企业研发投入　/95
　五、研究结论与理论启示　/98

第六章　省份制度环境、CEO 管理自主权与企业风险承担　/100
　一、问题提出　/100
　二、文献综述与假设提出　/102
　三、研究1：制度环境与管理自主权　/107
　四、研究2：管理自主权与企业风险承担　/116
　五、稳健性检验　/118
　六、结论与启示、局限与未来研究方向　/122

第七章　国民钢笔：管理自主权如何平衡有形与无形之手　/125
　一、国运兴衰与行业波动中的企业轨迹　/126
　二、政府的有形之手：把握有度　/130
　三、市场的无形之手：拿捏有道　/132

第八章　研究结论、启示、不足与未来方向　/134
　一、结论、启示与建议　/134
　二、理论与现实意义　/137
　三、研究局限与未来研究方向　/138

附录一　假设摘要及其验证情况　/140
附录二　分层次变量测量方法摘要　/143
附录三　企业投资与经营环境调查问卷　/149
附录四　中国省际 CEO 管理自主权调查问卷　/164
参考文献　/170
后记　/191

第一章 引 言

本章简要阐述了研究问题与研究目标,系统介绍了全书的研究框架,并阐释了全书层层递进的结构关系。

一、研 究 问 题

世界银行和国务院发展研究中心联合课题组(2013)指出,经历三十多年的高速增长之后,中国已经到达另一个转折点,并面临两个重要问题:其一,在经济增速放缓的趋势下,中国未来能否跨越"中等收入陷阱",仍以从全球角度看较快的速度持续增长?其二,这种增长能否在与自身的社会结构、生态环境乃至国际社会相互适应而非严重冲突的情况下实现?

以转型中国进一步发展亟待解决的两个宏观问题为导向,本研究整合已有理论和相关文献,构建出一个"宏观制度环境—管理自主权—微观企业行为"的分析框架。以中国转型背景下的微观企业为研究对象,以 CEO 管理自主权为关键变量,我们通过定量考察其决定因素及影响效应,回答如下研究一、二、三中的问题,力图从微观视角回答 2030 年前中国发展所面临的前述两个现实问题。

研究一:地区制度环境如何影响当地企业的 CEO 管理自主权?

子研究(一):企业感知的制度环境如何影响 CEO 管理自主权?

子研究(二):企业所在城市的制度环境如何影响 CEO 管理自主权?

子研究(三):企业所在省份的制度环境如何影响 CEO 管理自主权?

研究二:企业的 CEO 管理自主权将会引发哪些主要的企业行为与结果?

子研究(四):CEO 管理自主权如何影响企业地域多元化战略?

子研究(五):CEO 管理自主权如何影响企业技术创新战略?

子研究(六):CEO 管理自主权如何影响高管薪酬与企业绩效?

研究三:CEO 管理自主权连接了宏观与微观领域并具备时间效应吗?
子研究(七):CEO 管理自主权对企业制度环境感知与企业地域多元化的中介效应?
子研究(八):CEO 管理自主权对城市和省份制度环境与企业技术创新的中介效应?
子研究(九):CEO 管理自主权的中介效应是否具备时间效应?

二、研 究 目 标

具体而言,我们将致力于开发中国情境下正式与非正式制度环境的内容、指标及测量,并通过大规模问卷调查与大样本二手数据获取 CEO 管理自主权与企业动态效应的指标数据,从静态与动态两个方面,开展多个定量研究与两案例比较研究。基于研究结论,我们将为企业治理、战略选择和创造价值提出建议,并为新形势下的国家制度建设与完善提供依据,力图实现基于中国管理实践的理论创新。

第一,致力于连接宏观与微观领域。2011 年 3 月,*Journal of Management* 发布专刊指出,当今管理学者所面临的关键挑战之一,在于如何整合微观与宏观的研究方法和理论。他们呼吁,管理学界应在研究中致力于连接宏观与微观领域,既在研究方法与理论创新上开拓新路,又逾越科学与实践之间的鸿沟(Aguinis et al., 2011)。为此,我们计划以不同内容的 CEO 管理自主权为核心变量,通过考察其不同层次的制度前因与不同方面的企业战略选择和结果,连接宏观与微观领域。

第二,致力于构建"制度环境—战略领导—企业效应"分析框架并实证检验。① 在框架构建上,本研究将通过分别回顾"制度环境与战略领导""战略领导与企业战略""制度环境与企业战略"的相关研究,并基于制度基础观和高阶梯队理论构建"制度环境—战略领导—企业效应"的分析框架。② 在实证分析上,我们致力于开发中国情境下的制度差异的量化指标,通过扩大样本量更新已有的30个省①CEO管理自主权的调查结果,检验基于理论的研究框架,并为后续有关中国区域差异、高层管理者的相关研究提供数据支持;此外,还将致力于从多方面测量信任水平,丰富非正式制度的指标及其量化方法。

第三,致力于揭示"制度企业家"的形成机制。尽管DiMaggio(1988)试图通过"制度企业家"(Institutional Entrepreneurship)的概念,来考察制度环境对企业家的影响,但后续研究多局限于质性探讨制度企业家的特质,而对其形成的制度机制缺乏实证支持(周其仁,2000;邹辉霞,2002;胡祖光、张铭,2010)。为此,我们将通过实证探讨CEO管理自主权的影响效应与制度前因,回答"管理者何时重要"的问题,揭示"制度企业家"的形成机制,丰富制度基础观的研究内容。

第四,致力于开发"管理自主权"的内涵、外延与解释力。① 在内涵开发上,我们使用包含人事、投资、生产等不同方面内容的CEO管理自主权,致力于从这些"管理者活动"挖掘管理自主权的内涵。② 在本质界定上,我们将通过考察CEO管理自主权对企业过程与结果的影响,厘清其究竟是目标自由度、行为自由度还是二者的有机组合。③ 在解释力上,传统的高阶梯队研究多强调管理自主权的调节效应(Hambrick,2007),我们将在已有研究基础上,进一步检验其中介效应,增强其解释力。

第五,致力于探索"管理自主权"的时空效应。① 在时间效应上,我们拟将CEO管理自主权前因及效应的研究分为2002—2004年、2005—2007年、2008—2010年三个阶段,探究制度变迁、CEO管理自主权与企业战略选择和结果三者之间是否存在持续而稳定的影响,即是否具备时间效应。② 在空间效应上,我们拟将CEO管理自主权的决定因素从个人、组织与行业层次拓展到制度层次,并将研究背景从市场经济体切换到转型经济体,考察转型经济体内部地区间制度差异对CEO管理自主权差异的影响。

第六,致力于为企业治理与战略、国家制度建设建言献策。就中国转型期面临的两个宏观命题,结合"十二五"规划,我们将从国家经济发展的引擎——企业这一微观主体着眼,以CEO管理自主权为关键变量,通过实证探讨它与制度

---

① 本研究所称的对30个省(不包含香港、澳门、台湾及西藏)CEO管理自主权的调查,皆指省、自治区、直辖市层次,为了简便起见,皆以"省"代之。

前因、企业战略与绩效结果的关系,并通过比较案例研究检验上述研究的可靠性,从而为企业实施跨地域发展和技术创新战略、提升财务与社会绩效提供建议,并就新形势下国家如何避免陷入"中等收入陷阱"、建设创新型国家、提高国际竞争力提供决策参考。

三、研究框架

为了实证回答上述三个研究问题,本研究运用世界银行提供的 2005 年中国《企业投资与经营环境调查问卷》收集的大样本数据,并结合权威且广为使用的制度环境指标,以及通过自行设计的调查问卷所获取的地区 CEO 管理自主权数据,运用多种主流的定量分析方法,探讨 CEO 管理自主权的前因、效应的地域差异及其本质。

研究共分八章。总体上,除本章导言外,第二章系统回顾了管理自主权的本质与测量、前因与效应、中国情境下既有研究的现实启示,并指出了既有研究的不足与未来的研究方向。为了实证检验管理自主权的本质与效应,第三章分别探讨了 CEO 管理自主权对 CEO 薪酬安排与企业绩效及其波动的影响。随后,第四章以企业为分析层次,考察了企业感知的地区制度环境、CEO 管理自主权与企业地域多元化战略的关系。第五章考察了城市层次的制度环境、企业层次的 CEO 管理自主权与企业研发投入之间的关系。第六章在省份层次,探索了省域制度环境、CEO 管理自主权与企业风险承担的关系。其中,第三、四、五章的数据来自 2002—2004 年;第六章的数据来自 2005—2007 年,由此检验了其时间效应。并且,第四、五、六章着重检验管理自主权连接制度环境与企业行为及绩效的中介效应。第七章通过国民钢笔的案例研究,探讨了管理自主权在平衡政府有形之手和市场无形之手中的互动过程。第八章从多角度、多层面系统讨论了本研究的结论与启示、研究意义、研究局限及未来的研究方向。

具体而言,以下各段逐一介绍每章内容,以供读者把握各章主要观点。

国际管理学界有关"融会西方与东方、连接宏观与微观"的呼吁,为中国管理学界实现"立足中国实践、创新管理理论"提供了契机。作为"管理的精髓",

"管理自主权"的概念根植于西方理论,却贯穿于中国国有企业改革的历史进程,并对解决国家进一步发展面临的两个重要问题具有现实意义。本研究的第二章回顾了管理自主权的相关研究:首先,从经济、管理和心理等不同学科视角,厘清其本质与内涵,归纳其测量方法;其次,考察了多个层次的前因,以及不同内容的效应;再次,从公司治理、企业战略与制度建设三大领域,总结了中国情境下的实践启示;最后,从情境、内涵、测量、前因、效应与方法等六个方面,指出了既有研究的不足与未来研究的方向,并构建出"宏观—微观—宏观"的系统分析框架。

作为高阶梯队理论的关键变量,"管理自主权"被认为是"管理的精髓"。然而,国内外学界对其本质的认知至今仍较片面化,对其效应的实证探索尤为缺乏。运用世界银行以中国为情境的大样本调查数据,本研究的第三章致力于通过探索管理自主权的效应来明晰其本质。实证研究发现:CEO确实会利用管理自主权在薪酬安排上谋求个人利益最大化,但这并不必然以损害企业绩效为前提;相反,CEO管理自主权在一定程度上有助于提升企业绩效,因而是"有限的扶持之手";据此我们判断,管理自主权在本质上并不单纯分属目标自由度或行为自由度,而是两者的结合。研究结论不但促进了经济学与管理学的学科融合,亦为全面深化改革进程中发挥市场的决定性作用、发展混合所有制提供了启示。

本研究的第四章运用世界银行企业层次的大样本调查数据,探讨了中国转型条件下企业地域多元化的制度与资源动因及其作用机制。研究表明:① 企业所在地区的政府干预制约了CEO管理自主权,而政府支持提升了CEO管理自主权;② 企业的商业网络促进了CEO管理自主权;③ 混合所有制企业中的国有成分限制了CEO管理自主权,而民营及外资成分扩大了CEO管理自主权;④ 在控制市场容量的前提下,CEO管理自主权越大,则企业的本市及本省发展程度越低,而跨省与跨国发展程度越高;⑤ 管理自主权中介了制度和资源动因与企业地域多元化结果之间的关系。我们不但构建并验证了"制度环境—战略领导—企业行为"的分析框架,更获得"中国地区市场分割的界限存在于省份而非省内城市之间"的重要发现。这些发现为企业战略选择与制度企业家的成长路径提供了启示,亦为全面深化改革进程中转变政府职能、发展混合所有制经济、建设国内统一市场等重要议题指明了方向。

本研究的第五章分别从宏观、中观与微观三个层面,系统回顾了中国情境下企业研发投入的影响因素,包括正式与非正式制度环境、行业特征、企业资源以及战略领导等方面。我们运用世界银行企业层次的大样本调查数据,并结合城市与省份层次的制度环境指标,研究发现:① 企业总部所在城市的社会信任水平越高,政府保护程度越高,司法公正程度越高,金融发展水平越高,劳动力灵活性越高,民营经济发展水平越高,外商投资水平越高,则其 CEO 管理自主权越大;相反,则其 CEO 管理自主权越小。② CEO 管理自主权越大,企业利润中再投资比重越大,再投资中研发投入比重越大,且研发投入比重的波动越小。③ 管理自主权中介了制度环境与企业研发投入之间的关系。本研究不但在本质上证实管理自主权兼具行为与目标自由度的特征,而且实现了宏观制度与微观企业行为的有效连接,证实了管理自主权的中介作用,并对企业创新战略与创新驱动国家发展战略提供了政策建议。

管理自主权的概念连接宏观制度环境与微观企业实践,为研究转型经济下"制度企业家"的形成机制提供了全新的视角。通过问卷调查,我们获取了 61 位学界专家和 84 位公司高管对中国 30 个省份企业 CEO 管理自主权大小的评价。本研究第六章的考察基于已有经济和社会数据所形成的制度变量与管理自主权的关系,获得如下发现:① 区域正式与非正式制度,如信任、政府干预、所有权分离、金融发展、地方保护、外商投资、司法公正及劳动力灵活性等,均与省份层次的 CEO 管理自主权相关;② CEO 管理自主权与企业风险承担及绩效显著正相关;③ CEO 管理自主权对区域制度环境与企业风险承担及绩效的关系具有中介效应。上述结论大多通过了稳健性检验。最后,我们讨论了全书的基本结论、理论贡献与实践启示,指出了研究局限与未来的研究方向。

曾几何时,风光无限、身价亿万的"英雄"钢笔,写出了几代人骄傲的笔墨人生;然而斗转星移,谁曾料想,它甚至一度不得不"为五斗米而折腰";全面深化政府改革的号角能否助力企业负责人运用管理自主权,平衡有形与无形之手,实现凤凰涅槃般的重生?本研究的第七章从历史视角回顾了国家变迁与市场演进对企业发展的影响,探讨了国民钢笔运用管理自主权平衡政府有形之手与市场无形之手的策略。

四、研究创新

本研究最大的特色在于，融合经济学、社会学、心理学等跨学科知识，构建"制度环境—战略领导—企业效应"的分析框架，并结合定性和定量分析方法进行检验，致力于立足中国实践，创新管理理论。

本研究的创新之处将体现在如下三个方面：

第一，在研究问题与视角上，我们以国家经历三十多年的高速增长后所面临的两个重要问题为导向，将宏观问题分解到经济发展的引擎——企业这一微观层次，进而定位到企业发展的舵手——高层管理者，通过考察 CEO 如何运用管理自主权在既有制度约束下实施公司治理、战略选择，创造财务与社会价值，进而推动制度环境的发展与完善，突破既有研究过于微观或宏观的局限，实现宏观与微观领域的有机结合，推动制度基础观与高阶梯队理论的新发展。

第二，在研究情境与状态上，我们对 CEO 管理自主权制度前因的探讨，将立足中国实践，关注转型国家内部地区间的制度分割带来的效应，开发中国情境下的制度指标，而不再局限于比较市场经济国家间制度或一国内部不同行业间的差异；并且，我们将考察非正式制度与正式制度的互动、制度随时间的变迁对 CEO 管理自主权的影响，以及 CEO 管理自主权对公司过程而非单纯结果的影响，实现静态与动态研究的有机结合。

第三，在研究方法与指标测量上，我们将有机结合定量分析与案例研究两种方法，用定量分析来验证理论框架，用案例研究来挖掘出事件背后的逻辑和脉络，验证定量结论，还原战略领导在决策选择时所真实面临的制度、行业与组织环境，使得理论框架更能解释三者互动的复杂情形；并且，在指标测量上，我们将通过大规模调查问卷，获取学界专家与公司高管所感知的 CEO 管理自主权指标，代替传统的代理变量，更加准确地反映 CEO 管理自主权的大小程度与地域差异。

第二章 管理自主权：融会中国与西方、连接宏观与微观*

一、问 题 提 出

过去六十余年中，管理学经历了惊人的发展，但绝大多数范式均源自20世纪40—80年代的北美，并受限于彼时的经验现象和文化、哲学与研究传统。不可否认，这些范式已在欧亚、南美与非洲得到应用和验证。并且，应用这些范式的研究也与日俱增地发表于 Academy of Management Journal 等世界顶级期刊（Kirkman and Law, 2005）。如今，东方正在崛起为世界舞台上新的活跃力量，世界正从"西方领导东方"向"西方融会东方"转变（Chen and Miller, 2010）。过去三十多年来，中国已成为世界最大的出口国、制造国和第二大经济体。经济奇迹与正在经历的根本性社会变革，使得中国管理研究成为公认的重要学术领域。然而，目前中国管理研究大多依赖于西方情境中开发出来的既有问题、理论、构念和方法，直面中国企业特有问题的探索性研究和超越西方主流范式的理论开发等方面还比较落后（中国管理研究国际学会，2012）。情境可以改变构念的含义及构念间的关系（徐淑英，2011）。因此，立足中国实践，超越西方情境，挖掘东方的经验现象、文化、哲学乃至更宏大的知识传统，创建一个更富内涵、更为稳健且富有影响力的管理学领域，并从全球角度来理解并管理组织和行为（Barkema, 2001; Barkema, Baum and Mannix, 2002; Tsui, 2007, 2009; Chen and Miller, 2011; Barkema et al., 2011），已成为兼具国际视野与本土情怀的中国管理研究者的时代使命。

---

* 本章内容曾发表于《管理世界》2014年第3期，发表时题目与此相同。

2011年，*Journal of Management* 发布专刊，呼吁管理学界致力于连接宏观与微观领域，既在研究方法与理论创新上开拓新路，又逾越科学与实践之间的鸿沟（Aguinis et al., 2011）。2012—2013年，中国一批知名会计学者以"宏观经济政策与微观企业行为"为主题，召开了两届学术研讨会，成为有机结合宏观与微观的有益尝试。他们认为，宏观经济政策的推出，必然影响或改变企业经营行为，进而影响企业产出及其"加总"形成的经济产出，而当前国内外学术研究却普遍将宏观经济政策与微观企业行为"割裂"开来（饶品贵等，2013）。

事实上，自Peng（2002）系统提出制度基础观（Institution-based View）的分析框架以来，战略与组织管理领域的研究已经将微观企业行为的前因，从产业基础观（Industry based View）所聚焦的产业环境特征及资源基础观（Resource-based View）所强调的企业资源基础，拓展到宏观的正式与非正式制度环境。然而，既有基于制度基础观对微观企业行为的探讨，大多仅考察制度环境的直接影响（蓝海林等，2010；李善民、周小春，2007），却忽略了高管对企业行为的重要作用（Finkelstein, Hambrick and Cannella, 2009），因而未能厘清宏观制度环境作用于微观企业行为的内在机理。正如许德音和周长辉（2004）所指出的，管理的精髓在于经理人的"管理自主权"（Managerial Discretion）[①]，在于战略与内部资源和外部环境的匹配（Fit），而不仅仅是政策、制度与行业环境的问题。可见，作为高阶梯队理论（Upper Echelons Theory）的重要变量，管理自主权虽源自西方，却伴随着中国的改革进程，为从中国经济与社会发展中"发现规律，解释现象，指导实践"提供了契机（郭重庆，2007）。并且，它所蕴含的"度"的概念，与"阴阳"等中国情境下的管理构念不谋而合（赵怡雯、姚以镜，2013），有助于为促成中国与西方的有机融合、宏观与微观的有效连接开启新的视角。

管理自主权对协调学术观点与推动研究创新具有突出的理论意义。它将经济学引入管理学领域，起于调解不同学术流派就"管理者是否重要"的激烈争论，可谓"奉命于危难之间"。新制度理论（New Institutional Theory）与人口生态学理论（Population Ecology Theory）认为，企业的发展取决于外部社会规范（DiMaggio and Powell, 1983）或内部组织惯性（Hannan and Freeman, 1977）等因素，管理者的作用非常有限。然而，高阶梯队理论则强调，高层管理者将通过影响组织

[①] 亦称"自由裁量权""管理决断权""管理自由度"或"经理自主权"。

行为,进而决定组织产出(Hambrick and Mason,1984)。为了协调两派观点,基于 Child(1972)及 Montanari(1978)的开创性研究,Hambrick 和 Finkelstein(1987)首先承认上述两派看似矛盾的观点各具相对客观性;至于管理者何时重要,则取决于其"管理自主权"的大小;而这又受制于管理者个人、组织及任务环境等多层次影响因素。因此,进一步探讨其制度环境层次的决定因素与组织层次的影响效应,将有助于带来管理自主权概念的拓展(Hambrick,et al.,2004),实现宏观与微观领域的有效连接。

管理自主权对中国企业发展乃至经济转型具有重要的历史与现实意义。历史上,中国的国有企业改革正是从"放权让利"开始的。早在1979年7月3日,国务院即已发布《关于扩大国营工业企业经营管理自主权的若干规定》等五个文件,打破了企业自主权的坚冰(袁宝华,2009)。现实中,经历三十多年的高速增长之后,中国已经到达另一个转折点,并面临两个重要问题:其一,在经济增速放缓的趋势下,中国未来能否跨越"中等收入陷阱",仍以从全球角度看较快的速度持续增长?其二,这种增长能否在与自身的社会结构、生态环境乃至国际社会相互适应而非严重冲突的情况下实现(世界银行和国务院发展研究中心联合课题组,2013)?要解决这两个方面的问题,就必须认识到企业对经济发展的引擎作用(Coase,1937)。并且,从长远健康发展来看,中国经济的主导力量必须从政府向企业转移,特别是向民营企业转移(郭重庆,2012)。因而,从宏观制度的顶层设计上释放企业,尤其是民营企业的自主权,是中国转变经济发展方式的必由之路。

管理自主权受到中国本土学者的持续关注,并有待进一步澄清、总结与开发。中国国有企业自主权改革破冰伊始,一些本土学者即开始探讨企业自主权的客观依据,为企业扩权提供理论支持(林青松,1980);另一些学者以现实问题为导向,考察了企业权利界限与企业扩权的配套改革问题(黄振奇,1982),并理性看待落实企业自主权中的优势、误区和差距(尉安宁,1990);还有一些学者则着眼未来,建议突破"放权让利"式的改革思路,推进产权制度改革,克服传统国有制弊端(杨瑞龙,1994),甚至介绍了国外(如新加坡)国有企业自主权配置的经验与启示(李征,1996)。在当时,这些早期研究者们为公共政策的颁布或制定提供了注解或咨询,承担起了时代赋予的责任。美中不足之处在于缺乏基于严谨实证的学理探讨,甚至难以走出意识形态的藩篱。21世纪以来,少数学者

第二章 管理自主权：融会中国与西方、连接宏观与微观

开始介绍西方管理自主权的理论文献。比如,李有根和赵锡斌(2003)归纳了管理自主权研究的三个阶段、影响因素、测量方法与指标及对中国国企改革实践的启示。又如,张长征和李怀祖(2008a)回顾了管理自主权的不同理论视角、影响因素及其对管理者薪酬、公司绩效与多元化战略的影响效应和机理。这些总结工作有效推动了国内管理学界对管理自主权的关注与研究,但也存在不够系统、未能建立中国情境下的分析框架甚至未能真正厘清其本质等遗憾。

为此,基于前述分析与前人的研究积累,顺应西方与中国管理学界的倡议,我们致力于通过系统回顾管理自主权的概念、测量、前因、效应与实践启示,来构建一个中国情境下连接宏观与微观、结合动态与静态的研究框架。我们期望未来研究能基于此框架,在探讨宏观影响微观的基础上,进一步从微观组织过程与结果入手,探讨宏观的中国经济、文化尤其是政治体制的改革路径,从而为解决国家发展面临的两大问题提供具体建议。本研究的分析路径如图 2.1 所示,各章节安排如下:第二部分首先介绍管理自主权的本质、内涵和测量方法;第三部

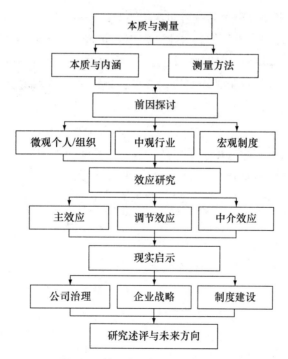

图 2.1 管理自主权文献回顾路径

分归纳其微观、中观和宏观等不同层次的前因,以及其主效应、调节效应和中介效应;第四部分从公司治理、企业战略与制度建设等三大方面总结了中国情境下既有相关研究的启示;第五部分则基于前人研究,指出了未来研究的六个方向,并构建出前述提及的研究框架。

二、管理自主权的本质与测量

从经济学、管理学、心理学等不同学科出发,本节分别介绍了管理自主权的本质和内涵,并详细归纳了代理变量与直接感知两类测量方案的多种操作方式。

(一) 管理自主权的内涵与本质

1. 本质:行为自由度与目标自由度

自主权即个体所享有的行动自由(March and Simon, 1958;Williamson, 1963)。基于Williamson(1963)的基础工作,经济学与金融学领域的研究将自主权纳入代理理论(Jensen and Meckling, 1976)与管理者资本主义(Marris, 1964;Misangyi, 2002)的框架中,认为管理自主权是管理者(代理者)追求个人利益而非股东(委托者)福利最大化的程度(Williamson, 1963),即目标自由度(Latitude of Objectives)。不同于此,基于Child(1972)及Montanari(1978)的开创性研究,Hambrick和Finkelstein(1987)在管理学领域引入管理自主权的概念,用以评价管理者在诸多内外部因素制约下的影响力程度,即行为自由度(Latitude of Action)。

进一步,运用管理者非自愿离职的例子,Shen和Cho(2005)将管理自主权描述成目标自由度与行为自由度的组合。张三保(2012)研究表明,在薪酬安排上,CEO会运用管理自主权实现利己目标;而在企业研发投入上,CEO则敢于冒险又适时规避风险,从而进一步表明:CEO管理自主权的本质,实为CEO行为自由度与目标自由度的二维复合结构,而非单纯的行为自由度或目标自由度。

2. 内涵:客观自主权和感知自主权

客观的管理自主权,是由正式的组织结构或者行业特征所提供的自由度(Shalley, 1991; Hambrick and Abrahamson, 1995; Magnan and St-Onge, 1997; Hendrickson and Harrison, 1998; Dobbin and Boychuk, 1999; Olk and Elvira, 2001; Zohar and Luria, 2005)。这为人们理解环境特征如何影响管理者自主权开启了视角。客观环境特征的影响固然重要,然而,这些情境因素并不简单地等同于管理自主权——并非所有管理者的行为或其追求的结果都完全一致,即使他们处于同一行业。因此,真正决定管理者行为的,是管理者所感知的自主权。也就是说,管理自主权仅当被感知到时才会存在。Carpenter 和 Golden(1997)指出,管理者所感知到的自主权的显著差异,取决于其内外控倾向(Locus of Control)及稳定的个性差异。

必须指出,上述对管理自主权本质与内涵的简要阐述,仅反映了其基本内容。因此,有必要进一步对其测量方法、决定因素与影响效应进行深入探讨。

(二) 管理自主权的两类测量方法

管理自主权的测量方法,经历了由间接代理到管理者直接感知或专家评价的演变。代理方法包括企业或行业两个层面的多重指标(Rajagopalan and Finkelstein, 1992)。感知方法则来自经理自评、他评(相关学者或公司其他高管)或二者结合。

1. 代理变量

代理方法起初停留在行业层次(Hambrick and Finkelstein, 1987)。然而,由于同一行业的不同企业所受市场限制存在差异,因而比起行业环境的层次,从组织内部结构与治理角度等企业层次的测量将更能够促进对 CEO 管理自主权的认知(Boyd, Dess and Rasheed, 1993; Finkelstein and Boyd, 1998)。目前,代理测量主要涵盖如下四种方法:

(1) 仅使用行业作为单一代理指标。Finkelstein 和 Hambrick(1990)应用产品差异化程度和市场成长性的综合指标,来比较不同行业中管理自主权的大小。Hambrick、Geletkanycz 和 Fredrickson(1993)进一步通过差异化、资本密集度、管制程度以及增长率来判别不同行业管理自主权的高低。随后,一些更加严格的测量方法陆续被采用。比如,Haleblian 和 Finkelstein(1993)采用广告强度、研发强度、市场成长度、管制程度的档案指标,创造出行业自主权的综合指数。其中,管制实施的前后时段,亦被用作区分行业自主权高低的标准(Hubbard and Palia, 1995;Cho and Hambrick,2006)。借鉴 Haleblian 和 Finkelstein(1993)的分析方法,井润田(2009)使用 2002—2007 年《中国统计年鉴》的 37 个两位数代码的行业数据,采用聚类分析法将这 37 个行业的管理决断权分为高、中、低三类,并从研发投入密集度、市场增长率、行业集中度、需求不稳定性、固定资产密集度和行业管制程度等六个维度,构成行业管理自主权指标体系。

(2)使用个人、组织与任务环境三维度中某一维度的某个方面作为测量指标。比如,企业的战略态势(Rajagopalan and Finkelstein,1992)、研发强度与广告强度(Finkelstein and Boyd,1998)、所有权结构(Tosi and Gomez-Mejia,1989;Gedajlovic and Shapiro,1998)、债务契约或耗资巨大的设备(Fox and Marcus,1992;Phan and Hill,1995)等。又如,陈静(2007)从中国上市公司数据库中提取相应数据,分别从任务环境(市场成长性、研发强度、广告密度、产品需求的不稳定性、资本密度和管制程度等)、组织因素(资本结构、股权结构和董事会构成)及 CEO 个人特征(年龄、受教育程度、任期、两职兼任和持股比例)等三个方面的 14 个独立指标进行测量。

与此类似,在中国情境下,Li 和 Tang(2010)通过与中国企业家调查系统合作获取一手调查数据,并分别从行业特征(如市场规模、复杂性与稳定性)、组织特征(如企业年龄、规模、无形资产、CEO 两职兼任)、企业性质(是否国有)及 CEO 政治关联(是否政治任命)对其进行测量。更进一步,连燕玲等(2013)从组织、环境和制度三个层面分别测量管理自主权。其中,组织自主权包括组织惯性(规模、寿命)和冗余资源(权益债务比例);环境自主权包括市场丰腴性(过去五年行业平均增长率)和行业资本密集性(是否处于资本密集型行业);制度自主权包括国有企业制度约束(是否为国有企业)和区域制度环境(所处省份的市场化指数)。

此外,借鉴 Finkelstein(1992)对高管团队权力(Power)构成指标的划分,彭倩(2011)和窦鹏(2011)均从结构职位权、专家声望权和资源运作权三个维度的多个指标分别度量 CEO 管理自主权。类似地,李有根和赵西萍(2004)以职位权与报酬权;李有根(2002),张长征、李怀祖和赵西萍(2006),张长征和李怀祖(2008b)分别以职位权、薪酬权与经营权;袁春生(2009)以职位权和资源运作权构成 CEO 管理自主权。

(3) 将构成管理自主权的各方面指标综合成一个总体系数。比如,陈惠源(2005)通过专家访谈,确认 CEO 管理自主权的测量指标体系包含三大因子(职位权、专家权和声望权)、六大指标(领导地位、领导力、教育程度、任职经历、相对报酬、兼职水平),并将从中国上市公司数据库获取的六个变量的相应指标进行正态变换,求其平均值即为 CEO 管理自主权的综合系数。类似地,苏文兵等(2010)、Dong 和 Gou(2011)采用职位权、报酬权、运作权三个间接指标,取其正态标准值的均值,来综合反映 CEO 管理自主权的水平。

(4) 采用结构方程模型(Structural Equation Model, SEM)[①]的多重指标法。高遐、井润田和万媛媛(2009)采用该方法,从任务环境(管制程度、投资机会、需求不稳定性和行业结构)及内部状况(规模、企业年龄、资本密集度、资源丰足度和内部政治条件)两个方面,构建出管理自主权的多指标衡量体系,对 2002—2007 年中国深沪两市上市公司的 CEO 管理自主权进行了测量。

2. 感知测量

(1) 经理自评。与上述代理方法不同,Key(1997)在开发个体自主权调查问卷(Individual Discretion Questionnaire, IDQ)的过程中发现,管理者感知的管理自主权与个体内外控和组织伦理文化均显著相关。Carpenter 和 Golden(1997)通过问卷调查获取了管理者们自我感知的自主权大小,从而更加直观地反映了管理自主权的大小(Ganster, 1989)。Caze(2007)亦通过问卷调查到欧洲六国研发经理人员自我感知的管理自主权。王世权和牛建波(2008)从投资决策(包括投资方向、投资规模及产品研发的决策权)、产品销售(含产品定价、营销渠道及广告宣传的决策权)、人力资源管理(包括中层干部任免、员工聘任及员工薪酬福利的决策权)三方面,构建了管理自主权的评价指标,并通过访谈国有大型总分公司式企业集团部分中层领导干部,获得了自我评价数据。张长征和胡利利(2011)、张长征和蒋晓荣(2011)均从专家声望权、资源运作权与结构职位权三个方面,通过询问 CEO 与同行业、历史以及自身期望的自主权水平相比,获得当前自主权水平的差距大小,分为高和低两种状态。胡玲(2012)对子公司自主权

---

① 高遐、井润田和万媛媛(2009)认为,SEM 具有三大优点:第一,可以同时考虑并处理多个因变量;第二,态度、行为等变量往往含有误差,不能简单地用单一指标测量,SEM 分析容许自变量和因变量均含测量误差;第三,通常而言,每一个指标只容许从属于单一因子,但 SEM 分析容许更复杂的模型。

的测量,则通过考察母公司对其在以下九种决策中施加影响的程度来实现:信任主要客户的程度、产品推介、招聘、培训、广告代理商选择、设定总体生产日程、销售目标、投资回报,以及质量控制模式。此外,世界银行分别于 2003 年和 2005 年对中国 18 个城市和 120 个城市进行了"投资环境调查",其中询问了 CEO 在人事、投资与生产等三个不同方面的管理自主权。

(2)他评。与直接询问公司高管的方法不同,一些学者通过采访相关知情人士,获取他们对 CEO 管理自主权的评价。比如,Chang 和 Wong(1999)运用董事会秘书对 CEO 在 63 项具体决策中所享有的自主权的评价,计算出了上海证券交易所上市公司 CEO 的管理自主权。类似地,王丽敏、李凯和王世权(2010)从投资决策、产品销售、人力资源管理三个方面构建了中国大型国有企业分公司 CEO 自主权的评价指标,并通过问卷调查获取了公司高管或熟悉公司运作情况的内部人士对 CEO 自主权的评分。又如,Crossland 和 Hambrick(2011)获取了学界专家对 15 个市场经济体国家层次管理自主权的评价。

(3)结合自评与他评。综合上述实务界和理论界两种不同的主体,Hambrick 和 Abrahamson(1995)通过访问一些专家小组(包括学者与证券分析师)的评价,测量了行业层次的管理自主权。类似地,张三保和张志学(2012)通过问卷调查,获取了 61 位学界专家与 84 位企业高管对中国 30 个省 CEO 管理自主权的主观评价。

三、管理自主权的多重前因与多种效应

本节归纳了管理自主权在个人、组织、行业乃至制度等不同层次的前因,并系统回顾了它对企业绩效、公司治理与战略选择的主效应,以及其调节效应和中介效应的相关研究。

(一)管理自主权的前因

1. 个人层次

在个人因素方面,CEO 的抱负水平越高、对模糊的容忍度越大、认知复杂度越高、内外控能力越强、权力基础越坚实,以及政治敏感度越高,则其管理自主权越大(Hambrick and Finkelstein,1987)。

2. 组织层次

组织惯性(包括组织规模、年龄、文化与资本强度)减少了管理者对关键领域实施管理的弹性,即降低了管理者实施组织变革的自由度(Finkelstein and Hambrick,1990)。比如,张长征、李怀祖和赵西萍(2006)发现,CEO管理自主权随企业规模的扩大而降低。

组织的可获取资源赋予管理者以更大的资源运作权(Hambrick and Finkelstein,1987)。例如,运用世界银行2005年"投资环境调查"的大样本数据研究表明,中国企业的政治与商业社会网络提升了CEO管理自主权(张三保、张志学和秦昕,2013)。

组织的内部政治情况(取决于所有制的分布、董事会构成与忠诚度以及内部权力集中度)等因素,也在很大程度上影响着管理者在战略与政策上的自由度(Finkelstein,Hambrick and Cannella,2009)。所有制方面,张三保、张志学和秦昕(2013)研究表明,企业所有制结构中的国有产权比重限制了CEO管理自主权,而民营或外资产权比重促进了CEO管理自主权。类似地,连燕玲等(2013)亦指出,中国国有企业的管理者大多属于政治任命,他们不但需要维持企业的正常运转,还肩负着维持就业、保障国家对一定战略性新兴产业实施控制等社会和政治目标,因而管理自主权自然受到限制。公司治理方面,代理理论认为,组织是各参与方所订立的契约,所有者与投资者(委托方)授权管理者(代理方)代表他们采取行动(Fama,1980;Jensen and Meckling,1976),并高度关注代理方是否忠于双方契约,从而有效制衡管理者的自主权。比如,李有根和赵西萍(2004)发现,CEO管理自主权随公司股权集中度的提高而降低。又如,Li(2010)运用世界银行2003年"投资环境调查"数据实证表明,企业的激励性薪酬与CEO投资自主权负相关,而与人事自主权正相关。

3. 行业层次

行业层次的相关研究最初旨在识别不同行业的管理自主权高低(Finkelstein and Hambrick,1990;Hambrick,Geletkanycz and Fredrickson,1993)。比如,丰腴性的行业环境能提供一种缓冲,因而增强了企业管理者应对问题的能力和自由度,即拥有更高的管理自主权;而对于资本密集型的行业,由于其依靠大量资本投入,往往造成资金周转缓慢及组织刚性,从而约束了管理自主权(Hambrick and Finkelstein,1987)。随后的实证研究表明,在受管制行业中,管理自主权也受到限制(Haleblian and Finkelstein,1993;Kim and Prescott,2005)。

4. 制度层次

除个人、组织与行业层次的因素外,对宏观制度层次前因的探讨,将会带来管理自主权理论的拓展(Hambrick et al.,2004)。Crossland 和 Hambrick(2007)通过比较正式制度与非正式制度的国别差异,推断美国企业的 CEO 比德国和日本企业的 CEO 更能影响企业绩效。随后,Crossland 和 Hambrick(2011)以 15 个市场国家为分析层次,实证探讨了国家的正式与非正式制度对 CEO 管理自主权的影响:除权力距离相反外,如果一个国家的企业雇主灵活性越大,法律体系采用普通法系而非大陆法系,所有制结构分离程度越高,以及个人主义文化价值观更普遍、不确定性容忍更大及文化宽松度越高,则该国 CEO 管理自主权越大。

进一步,以省份为分析层次,张三保和张志学(2012)探讨了中国 30 个省的正式与非正式制度对 CEO 管理自主权的影响:除政府干预程度相反之外,更高的非国有经济发展水平、外商投资水平、金融发展水平、司法公正程度、劳动力灵活性、贸易保护程度以及社会信任水平,均与总部位于该省的企业 CEO 管理自主权正相关。此外,使用世界银行 2005 年"投资环境调查"所得的城市层次数据,张三保、张志学和秦昕(2013)发现,企业所感知的、其所在城市的政府在用工、融资、司法等多方面的管制手段,均制约了其 CEO 管理自主权。

(二)管理自主权的效应

管理自主权的效应包括主效应、调节和中介三个方面。其中,对主效应的回顾,遵循由静态(绩效)到动态(治理与战略)、由内部(治理)到外部(战略)的次序。

1. 主效应

(1)对企业绩效。长期以来,在实务界与理论界之间,乃至在理论界内部,管理自主权对企业绩效的影响都存在不同的结论。

在实务界,管理者们对有关自主权的讨论均持中性的价值判断,如自主权是一种环境特征,对企业而言并不必然有利或有弊。在理论界,不同理论就管理自主权对企业绩效影响的判断存在三种截然不同的观点。第一,损害企业绩效。委托代理理论(Agency Theory)判断,代理方拥有与委托方不尽一致的个人利益,管理自主权将会助长管理者挪用绩效相关资源,从而损害组织绩效(Fama,1980;Jensen and Meckling,1976;Fox and Marcus,1992;Phan and Hill,1995;Kiser,1999)。第二,增进企业绩效。战略选择理论(Strategic Choice Theory)假设,管理自主权将有助于管理者在动态环境中不断调整,以应对无法预期的变革,进而增进组织绩效(Child,1972;Hrebiniak and Joyce,1985;Keats and Hitt,1988;尉安宁,1990;Crossland and Hambrick,2011;张三保、张志学,2012)。第三,不存在比较系统的关系。组织生态理论(Ecology Theory)假定,外在的或内部结构性的压力,将迫使有意识的管理行为变得不那么重要(Carroll,1988;Hannan and Freeman,1984;Hannan and Freeman,1977;Baum,1996;Singh and Lumsden,1990)。

在研究实践上,学者们对管理自主权影响企业绩效的方向,也不再简单地停留于非正即负的理论层面,而是主要包括以下四个方面:第一,考虑其他调节因素。比如,Chang和Wong(1999)发现,当CEO的目标与公司绩效而非控制集团的利益更一致时,管理自主权与企业绩效正相关。Yin(2004)表明,CEO管理自主权对公司绩效的正向影响,则需权力偏好型或风险规避型的CEO分别在质量主导或价格主导的市场竞争中实现。张长征和李怀祖(2008b)发现,较大的高管报酬差距有助于促进CEO自主权对公司业绩的正效应。高遐、井润田和万媛媛(2009)证实,高管薪酬与CEO自主权正相关,且这种相关性在绩效好的企业更强。第二,考虑影响限度。比如,王世权和牛建波(2008)、张三保(2012)证明,CEO管理自主权对公司业绩具有显著促进作用,但当自主权达到一定程度后,对业绩的作用将减弱。第三,不同内容自主权影响效应的差异。Li(2010)研究显示,在限制使用激励性薪酬后,CEO的投资自主权损害了企业绩效,而人事自主权却提升了企业绩效。类似地,王丽敏、李凯和王世权(2010)表明,中国大型国有企业分公司总经理的人力资源管理自主权相对较好,投资决策自主权最差;分公司总经理自主权对分公司业绩具有显著的促进作用,但当分公司总经理自主权达到一定程度后,对业绩的作用将减弱;并且,分公司总经理的投资决策自主权对分公司业绩的影响最大。第四,不同自主权主体的影响作用。张长征和李怀祖(2007)分析,团队自主权与团队效率呈现倒U形关系,且团队负责人与成员间较大的报酬差距能促进团队自主权对团队效率的正向影响。Offstein、Harrell-Cook 和 Tootoonchi(2005)将高管团队(TMT)自主权和效应作为企业竞争能力的驱动,从外部自主权和内部自主权两个方面提出四个相关命题:在其他条件不变的前提下,当中层管理者的任期越长,或企业工会占优势地位时,TMT 内部自主权和 TMT 效应越低;当公司治理结构更加强势,或外部竞争环境白热化时,TMT 外部自主权和 TMT 效应将会更低。遗憾的是,这两个研究的所有结论都是基于模型的数学推导或逻辑思考,缺乏实证检验。

（2）对公司治理。CEO 管理自主权对公司治理效应的现有研究,主要集中在薪酬安排或高管更替与继任等问题上(Rajagopalan and Finkelstein, 1992; Rajagopalan, 1997; Finkelstein and Boyd, 1998)。

对薪酬的直接效应包括正向和负向两个方面。一方面,得出正向影响结论的研究层次分别涵盖了行业、组织和团队三个层次。行业层面,Hambrick 和 Finkelstein(1987)认为,行业层次自主权是高管报酬的基本决定因素,自主权越低的行业的高管薪酬越低。井润田(2009)实证表明,管理自主权是行业间高管薪酬差异的重要决定因素,且自主权越高的行业 CEO 平均薪酬越高,同时行业内薪酬差距也越大。企业层面,Beatty 和 Zajac(1994)、Finkelstein 和 Boyd(1998),以及 Henderson 和 Frederickson(1996)均认为,CEO 管理自主权能够显著提升经理报酬水平。张长征和李怀祖(2008b)表明,自主权对高管报酬差距具有先促进后抑制的影响效应,呈现典型的倒 U 形关系。团队层面,张长征和李怀祖(2007)研究发现,团队自主权正向影响团队负责人与成员之间的报酬差距。窦鹏(2011)检验表明,CEO 管理自主权与高管薪酬差距显著正相关;并且在非国有控股公司中,CEO 管理自主权与高管薪酬差距的正相关关系更强。另一方面,陈静(2007)研究发现:总体而言,CEO 管理自主权与 CEO 薪酬显著负相关;按业绩分组检验的结果表明,高业绩样本公司的 CEO 管理自主权与 CEO 薪酬显著负相关,而低业绩样本公司则无显著影响。

对薪酬-绩效敏感性的影响方面,为了规避风险,CEO 往往倾向于降低报酬总额中的变动份额,从而获得较低的薪酬-绩效敏感性(Thompson, 1967)。这种自利特性使得高自主权 CEO 在参与或影响报酬契约时,获取较低的薪酬-绩效敏感性(Gomez-Mejia, Tosi and Hinkin, 1987)。尉安宁(1990)分析发现,自主权大的企业有可能利用扩大的权力,在企业整体效率没有提高的情况下为职工增加奖金或福利,其职工的收入福利水平要高于同量产出的自主权小的企业。张长征和李怀祖(2009)也发现,CEO 管理自主权显著负向影响其报酬业绩敏感性,缺乏监督的 CEO 自主权是导致 CEO 薪酬-绩效敏感性持续偏低的关键因素。相反,Gerhart 和 Milkovich(1990)则认为,高自主权经理的努力程度能够更有效地促进企业业绩,而经理努力程度源自基于业绩的激励性报酬,因而高经理自主权企业中薪酬-绩效敏感性较高。进一步地,张三保(2012)证明,CEO 管理自主权越大,其年薪与企业绩效直接挂钩的可能性越小;然而,当企业绩效超过预定目标时,CEO 管理自主权越大,其年薪的增幅越大;当企业绩效未达预定目标时,其年薪的降幅越小。

在对高管更替的影响上,袁春生(2009)发现,CEO 管理自主权越大时,股东对其进行更替的难度也越大。Hambrick 和 Schecter(1983)发现,低自主权安排阻碍了 CEO 的自我实现需要,将导致其减少对企业专用性人力资本的投资,从而伴随着较多的 CEO 离职。

(3) 对企业战略。有关高层管理者效应的研究,大多仅关注组织绩效,而较少考察组织的战略选择过程(巫景飞等,2008)。已有的关于 CEO 管理自主权影响企业战略的研究则是从多元化和创新两种战略入手。

具体而言,多元化战略包括产品多元化和地域多元化两种。产品多元化又可细分为相关多元化和无关多元化。其一,促进相关多元化。Berger 和 Ofek(1995)证实,由于相关多元化公司的绩效比无关多元化公司更好,因而非相关多元化不符合利润最大化要求。在此背景下,为了满足利润最大化约束,低自主权 CEO 只能实施相关多元化,以获取规模经济或范围经济(Hoskisson, Hitt and Kim, 1995)。其二,促进无关多元化。Amihud 和 Lev(1981)、Miller 和 Chen(1994)均认为,无论从降低自身职业风险,还是从在产品与市场变革中所受约束来看,管理自主权越高的 CEO,越倾向于或有能力选择无关多元化战略。其三,相关与无关多元化的综合方面,Hill 和 Snell(1988)认为,高自主权 CEO 能相对自由地实施无关多元化,而低自主权 CEO 则只能被限定在相关多元化战略。Marris(1998)指出,盈利能力能够同时满足 CEO 成长与安全的偏好,因此高自主权 CEO 在追求企业规模增长的过程中,将会同时追求相关多元化与非相关多元化。其四,地域多元化方面,张三保和张志学(2012)表明:一个省份的 CEO 管理自主权越大,则该省份企业的国际化程度也相应越高。张三保、张志学和秦昕(2013)的进一步研究发现:CEO 管理自主权越大,企业在本市和本省其他城市的发展程度越低,而在国内其他省份和国外的发展程度越高。

对创新战略的影响,主要以企业研发的投入强度或强度的波动为考察对象。张长征、李怀祖和赵西萍(2006),以及 Dong 和 Gou(2011)均发现,CEO 管理自主权与企业研发投资显著负相关。相反,彭倩(2007)和苏文兵等(2010)均证明,CEO 管理自主权与研发投入正相关。进一步地,张三保(2012)发现,CEO 管理自主权与企业研发投入强度正相关,却与投入强度的波动负相关。再有,张长征和蒋晓荣(2011)表明,CEO 的结构职位权负向影响研发投入强度,而专家声望权和资源运作权均正向影响研发投入强度。类似地,苏文兵等(2010)也指出,CEO 职位权(两职兼任)和运作权(营运资金或自由现金流)均与研发投入强度显著正相关,但其薪酬权(高管薪酬差异)与研发投入的关系不明显。此外,另一些研究开始探讨管理自主权配置状态对技术创新的启动、形式、内容等决策的影响。比如,张长征和胡利利(2011)研究显示,CEO 管理自主权越高,则企业越倾向于启动技术创新而非购买技术创新成果,且企业选择自主创新的概率提高最快,选择合作创新的概率提高迟滞,选择模仿创新的概率显著降低;而管理自主权越低时,企业越偏好于改良式的流程创新。

其他战略方面,Montanari(1978)发现,CEO 管理自主权显著负向影响公司市场开拓、组织结构、社会责任、技术选择等战略决策;Adams 和 Hossain(1998)、Gerakos(2007)实证发现,CEO 管理自主权能够在很大程度上决定公司披露经营信息的质量与披露意愿。

2. 调节效应

在高阶梯队理论中,管理自主权最重要的特征就是作为调节变量(Hambrick and Mason,1984)。该理论认为,高层管理者基于自身经历、信念与价值观所形成的对事物的认知解读而采取行动,进而影响企业层次的战略与绩效。如果管理者具有较大的战略选择自由度,则企业行为与结果将更紧密地反映管理者的认知。然而,如果管理者的行为受到严重制约,即缺乏自主权,管理者独特的认知解读将不再决定企业采取特定战略的行为(Hambrick,2007)。

不少研究已经显示出管理自主权作为调节变量对于高阶梯队预测效应的关键作用。比如,Finkelstein 和 Hambrick(1990)发现,高层管理团队任期与战略持续性被自主权正向调节。Hambrick、Geletkanycz 和 Fredrickson(1993)研究显示,企业绩效与企业对现状的承诺之间的正向关系,在高度自主权的行业中比在低度自主权的行业中更强烈。Haleblian 和 Finkelstein(1993)发现,高管团队规模与绩效、CEO 专权与绩效两对关系在高自主权环境中更显著。Li 和 Tang(2010)则认为,管理自主权对 CEO 傲慢与企业风险承担战略之间的关系具有正向调节效应。Crossland 和 Chen(2013)发现,在管理自主权更高、企业绩效测量更有意义以及职业经理人市场更发达的国家,较差的企业绩效将更可能导致 CEO 被解雇。连燕玲等(2013)表明,更高的组织自主权和环境自主权,有助于强化管理者在面临经营期望落差扩大时实施战略变革的程度;而制度自主权的缺失,却使得管理者在经营期望落差扩大时削弱了其实施战略变革的程度。

3. 中介效应

相比传统的调节效应,管理自主权中介效应的进一步验证,有助于大幅提升其对管理现象乃至经济问题的解释力。为此,Crossland 和 Hambrick(2011)研究表明,国家层次的 CEO 管理自主权对一国的正式和非正式制度与企业绩效的关系具有中介效应。张三保和张志学(2012)证实,中国省份层次的 CEO 管理自主权中介了省域制度环境和企业风险承担战略之间的关系。胡玲(2012)对 132 家跨国公司在华子公司进行的实证研究表明,子公司的自主权完全中介了文化距离与子公司战略目标实现之间的关系,部分中介了子公司战略地位与战略目标实现之间的关系。张三保、张志学和秦昕(2013)则进一步证明,企业感知的政府管制、企业的社会网络与所有制结构,均通过 CEO 管理自主权对企业地域多元化战略施加影响。张长征和蒋晓荣(2011)以陕西省技术型企业为对象的实证分析表明,CEO 管理自主权中介了股权集中度对企业研发投入的正向影响。

四、中国情境下既有研究的现实启示

中国情境下管理自主权的既有研究,已从公司治理(包括薪酬安排和权力分配)、企业战略(包括技术创新和地域多元化)等微观方面,为促进宏观经济发展、改善政府治理和创建国家创新体系,进而解决中国进一步发展过程中面临的两个问题提供了部分启示。

（一）公司治理

1. 高管薪酬安排

就必要性而言,陈静(2007)发现,在业绩较高的公司中,CEO 管理自主权与其薪酬安排之间存在更为突出的不协调性,因而中国上市公司的 CEO 薪酬机制设计有待进一步完善。窦鹏(2011)也认为,在中国医药类上市公司中,国有控股企业的薪酬机制有待完善,而非国有控股公司则更应防范 CEO 运用自主权为自身谋求更高薪酬。

具体方法上,井润田(2009)认为,用相对于市场或行业总体绩效而衡量的企业绩效进行高管激励,可以在保护他们不受超出其控制之外因素影响的同时,有效激励其增加股东的财富。高遐、井润田和万媛媛(2009)指出,高管薪酬的制定者应该认识到管理自主权对高管薪酬的影响和制约关系,以及在较好的绩效下高管薪酬与管理决断权联系更为紧密的事实,制定出有竞争力的薪酬体系。张长征和李怀祖(2011)则建议:① 通过完善股东大会与董事会议事制度,优化股权结构,引进独立董事,建立健全董事会次级委员会设置等各种手段完善公司监督机制,抑制 CEO 自主权对其薪酬绩效敏感性的负向操纵效应;② 适当进行多元化投资,健全公司风险预警与防范制度,提升企业内部控制流程质量,以降低公司经营风险;③ 借助科学而严谨的甄选程序与人才测评手段,选择较低风险规避偏好的 CEO。

2. 权力分配

总体上,协调并匹配 CEO 管理自主权的激励与约束,是确保 CEO 有足够空间与内在动力去追求股东利益最大化的有效路径(李有根、赵锡斌,2003;袁春生,2009)。

在所有者与经营者分权方面,陈惠源(2005)建议:在 CEO 持股水平较低或不持股时,股东应严格限制其管理自主权;当 CEO 持股水平有所提高,但其持股水平无法抵消其私人收益水平时,股东应有所放权并同时施行一定的监督;当 CEO 持股水平所带来的绩效高于可能的私人收益时,股东应该对经理完全放权。

在集团总分公司的分权方面,王世权和牛建波(2008)指出:其一,总公司应在分公司的投资决策、产品销售以及人力资源管理自主权等方面适当放权,尤其应在分公司投资方向、投资规模和产品研发等方面,重点强化投资决策自主权。其二,应完善放权后的配套机制建设,如制度化应用并推广企业信息化系统;完善分公司诸如重大决策程序、规则等决策制度;适时推出分公司资金两条线的资金管控手段,实时监控分公司资金动态,积极推进财务负责人派驻制,并采取措施提高其工作的独立性。其三,总公司在对待分公司的方式上,应由传统的管理向治理转变,以建立起适应市场经济发展的新型总公司与分公司的关系。

(二) 企业战略

1. 技术创新

一些学者将研发投入视为 CEO 利用自主权的自利行为或冒险倾向,因而主张加以约束。比如,张长征、李怀祖和赵西萍(2006)认为,中国企业国际竞争力的提升,有赖于研发经费投入强度的增加,但当前中国上市公司 CEO 管理自主权普遍偏大,导致了以 CEO 为首的内部人过度控制了企业,研发经费投入强度过大。因而,应进一步规范治理结构,实现既不打击 CEO 的积极性,又能有效约束 CEO,以保障股东及其他利益相关者的利益。

另一些研究者则认为,研发投入对企业与宏观经济的长远发展而言至关重要,而当前中国企业研发动力不足,因而建议提升 CEO 自主权。比如,张长征和蒋晓荣(2011)指出,在确保有效监督 CEO 和制衡大股东的前提下,企业应稳步提升 CEO 管理自主权的配置水平和企业的股权集中度水平,从而有效促进技术创新活动的动力与有效性。Dong 和 Gou(2010)指出,企业应通过实施股权激励计划,激励管理者和 CEO 们投资获取长期收益的研发活动;此外,还应增加独立董事数量、教育和培训活跃且具有长期导向的股市投资者,以提高上市公司的创新能力,对提升企业研发投资产生深远影响。

2. 地域多元化

张三保、张志学和秦昕(2013)指出,企业地域多元化范围的选择,要综合考虑制度环境与自身所处生命周期阶段的匹配程度。在初创阶段,企业可以进入制度发展相对落后的地区,把握后发优势,避免过热竞争,寻找立足之地。在成长与成熟阶段,则应适时考虑通过地域多元化战略,进入制度发展相对完善的区域开拓业务,形成梯度转移的良性循环。否则,随着企业生命周期的演进,制度后发优势将可能转化为后发劣势,影响企业的长期健康发展。

(三) 制度建设

根据 CEO 管理自主权的制度前因研究,张三保和张志学(2012)从政府角度提出了多条制度建设建议:建设稳定和谐的社区,改善政府治理,建设金融基础设施,完善司法体系建设,发挥媒体作用并引导消费者协会等中介组织的成长(李涛,2004,2006;李涛等,2008),以及提高社会信任的水平,以增加企业 CEO 管理自主权。

1. 央地关系

张三保和张志学(2012)建议,中央政府从制度层面营造地区间协调有序的竞争关系,打破地区之间的贸易壁垒,一方面需要进一步推进完善中央与地方财政分权制度改革,加快地区基本公共服务的均等化与转移支付的法制化进程,打破数量型增长的政绩观(沈坤荣、付文林,2006);另一方面可以通过采用不同的政绩考核方法,或在相同的政绩考核方法下采取不同的措施,来提高市场整合的程度,进而促进全国统一大市场的形成(皮建才,2008)。地方政府则应进一步转变职能,多提供服务、少实施干涉,为企业经营活动营造良好的条件。

此外,中国地区市场的分割界限存在于省份之间,而非省内城市之间(张三保、张志学和秦昕,2013)。因此,新形势下国家政治、经济、社会与文化体制的改革重点和难点,在于突破省际而非张五常(2009)所述县域的巨大差异。对此,中央政府可以一方面通过新的行政区划,削弱地方政府的强势地位;另一方面通过赋予省份发展自主权,实现省份之间的公平竞争,缩小省际发展差距。这种国内统一市场的建立,将促使企业在国内市场不必将地域多元化战略作为风险减震器来加以实施(Friedman, 2005),从而在客观上为企业利用国际和国内两个市场、提高国际竞争力创造机会。

2. 国家创新

就国家创新体系建设而言,彭倩(2011)提出了四个方面的建议:其一,减少垄断型国有企业,增强企业的忧患意识,提高其自主研发活力。其二,加强政府资金扶持力度,扩大中小企业研发活动资金来源。其三,加强知识产权保护力度,努力创建公平竞争的市场环境。其四,建立研发中心平台,组建研发团队,研发项目紧密联系市场需求现状与未来走势,加速科技成果转化。张三保(2012)认为,政府还应从社会资本这种非正式机制上着手,引导和提高民营企业的创新主体地位,提升民营企业家的研发投资决策能力(陈爽英等,2010);加快创新步伐,建立开放的创新系统,加强企业的市场微观主体地位(吴延兵,2006),鼓励中国企业通过自身研发和参与全球研发网络进行产品与工艺创新,提高研发质量;促进"创新型城市"发展,集聚高素质人才、知识网络、充满活力的企业和学习型组织,并使这些机构自由互动;通过政治、经济、法律和文化制度创新,营造激励创新的报酬结构,促使企业家更多地从事生产性的创新活动(庄子银,2007)。

五、既有研究不足与未来研究方向

管理自主权为解释多种管理现象注入了新的活力,也为完善制度建设提供了启示。依照前述文献回顾的逻辑次序,我们阐释了未来的六个研究方向,并构建了系统分析框架。

(一)情境变换:从市场到转型,由企业到大学

在制度情境方面,以往主流研究均集中于考察市场经济体内部或之间的管理自主权,较少关注转型经济体内部乃至经济体之间的 CEO 管理自主权差异。实际上,市场经济体与转型经济体在制度完善程度上存在巨大区别,从而可能引发 CEO 管理自主权的差异,并进一步导致公司治理模式、企业战略选择与绩效结果的不同。因而,未来研究若能结合经济学、社会学、心理学等不同基础学科知识,以及经济、社会与传统文化(郭重庆,2007),挖掘转型经济体内部或之间的制度环境差异,考察其通过 CEO 管理自主权对企业过程与结果施加的影响,并进而比较这种影响效应与路径在市场经济体与转型经济体中的区别,将为我

们理解真实世界提供新视角,也将为 CEO 管理自主权空间效应的检验及其适用范围的拓展创造条件。

在组织情境领域,郭重庆(2012)指出,探索符合中国情境的企业乃至大学的治理结构,是值得关注的中国管理实践之一。1985 年出台的《关于教育体制改革的决定》提出,必须从教育体制入手,系统改革管理体制,在加强宏观控制的同时,坚决实行简政放权,扩大学校办学自主权。然而,从 1992 年一直到今天,中国的高等教育都是以发展代替改革,而不是以改革促发展(马国川,2008)。因此,未来研究可回顾中国历史上不同阶段大学校长管理自主权的变迁,解释当代大学校长管理自主权的影响因素,并比较中外尤其是受儒家文化影响的东亚地区大学校长的管理自主权,为完善顶层设计、探究中国大学治理结构改革提供建议。此外,还可将研究情境从大学拓展到政府和非政府组织。

(二) 内涵挖掘:从单维到多元,由个体到团队

其一,本质方面,尽管管理自主权概念在不同学科之间存在行为自由度与目标自由度的差别,但考察其间潜在的相似之处亦至关重要。无论是行为学还是经济学领域的研究,均关注管理者是否、何时、如何以及为何能够不受干扰地进行独特的企业决策。Shen 和 Cho(2005)有机组合两种不同自由度的努力,以及 Crossland(2008)基于行为自由度但仍包罗目标自由度视角的探讨,为我们从 CEO 管理自主权影响效应进行探讨,以便理解管理自主权的本质提供了良好的示范。其二,内涵方面,鉴于生产经营活动中的"管理者活动"将成为管理自主权的第四种来源(Finkelstein and Peteraf,2007),后续研究有必要在 Chang 和 Wong(2003)、王世权和牛建波(2008)对人事、战略、财务及其他决策自主权进行探讨的基础上,从人事、生产、投资等方面进一步细化其内涵,比较这些不同内容自主权之间的大小,以及其对其他组织过程与结果变量影响程度的大小。其三,外延方面,此前学界对管理自主权与权力(Finkelstein,1992)的研究,要么各成体系,要么混为一谈(Caze,2007)。对这两个构念的内涵、外延的界定,将是未来研究的当务之急与无法绕开的门槛。其四,主体方面,Hambrick(2007)指出,将高阶梯队理论的研究主体从 CEO 个体拓展到高阶梯队,是战略领导研究领域未来的研究方向。未来研究可在张长征和李怀祖(2007)的基础上,实证探讨团

队自主权的内涵、测量、前因与效应。

(三) 测量改进：从间接代理到直接感知

如前所述，现有研究多以行业或企业层次的客观特征作为代理变量。这就难以解释为何在同样的外在条件下，由于管理者对可享有的行为自由度大小存在认知偏差而引发的企业行为差异(Caze, 2007)。因而，测量方法上应致力于通过访谈或问卷调查等方式，更加直观地反映管理者自身感知的自主权大小（张长征、李怀祖，2008a）。

未来研究可致力于以下四个方面的工作：第一，在张三保和张志学(2012)对61位学界专家与84位公司高管进行问卷调查的基础上，扩大已有省份层次数据的调查范围与对象，获取更具代表性、更大样本量的各省CEO管理自主权数据；第二，在Chang和Wong(2003)对上海证券交易所上市的多家企业CEO管理自主权进行问卷调研的基础上，重新设计调查问卷，与两家证券交易所研究部合作调研，获取沪深两市上市公司CEO在多种决策活动中的自主权大小；第三，运用世界银行三次"投资环境调查"中涉及的企业CEO管理自主权数据[①]；第四，与中国企业家调查系统联合，对中国民营企业开展大样本调查。

当然，尽管代理方法不如感知测量精确，但只要把握好代理指标与拟描述变量之间逻辑关系的一致性和可靠性，研究者仍能从大样本二手数据中提取相应的代理指标，实证证明基于问卷调查或访谈数据所得出的结论。比如，可采用CEO与其他高层管理者的差异性(Dissimilarity)指标来度量(Li, 2011; Tsui, Egan and O' Reilly, 1992)，并从"中国上市公司数据库"中提取相应数据，从而回应Hambrick(2007)有关连接高层与中层管理者的倡议(Ou, et al., 2013)。

(四) 前因拓展：宏微观结合与时间效应

前因研究多以CEO个人、所在企业与所属行业等微观或中观视角切入，甚少探讨宏观制度的影响。即使个别研究有所涉及，但分析层次要么集中于国家

[①] 除前述研究中使用的2003年和2005年数据，世界银行2012年又在中国开展了一次"投资环境调查"，详见该行企业调查数据的官方专题网站：http://microdata.worldbank.org/index.php/catalog/enterprise_surveys。

层次(Crossland and Hambrick,2011),要么集中于省份或城市层次(张三保和张志学,2012;张三保、张志学和秦昕,2013),却未考察一国内部不同区域层次(如东、中、西部)制度差异的可能影响,且对制度环境所包括的内容、互动与变迁缺乏必要关注。据此,未来研究可以:第一,结合中国国情,从正式与非正式制度两个方面,探索可能影响管理自主权的制度指标与测量方法。值得注意的是,现有文献对正式制度与非正式制度的划分,无法将那些不具备外部合法性却得以广泛流行的规则(如潜规则)和具有外部合法性的规则区分开来。为了弥补这一缺陷,有必要进一步把制度区分为显性制度和隐性制度。将"显性"和"隐性"以及"正式"和"非正式"的分类标准进行交叉,就形成了四种类型的制度(严霞、王宁,2013)。未来研究可挖掘它们的内涵、互动与变迁带来的效应。第二,结合已有指标和数据,结合横向上的静态与动态机制,以及纵向时间变迁上的动态效应,开展三个方面的实证研究:① 比较不同内容、不同层次制度环境对不同内容管理自主权的影响;② 考察正式与非正式制度环境的互动对 CEO 管理自主权的影响;③ 探索地区制度环境随时间变迁对 CEO 管理自主权影响效应的稳定性,即时间效应。第三,如前所述,张三保、张志学和秦昕(2013)分别探讨了地域制度环境、企业所有权性质对管理自主权的影响;未来研究需要在此基础上,进一步比较地区制度、企业性质乃至治理结构对管理自主权影响程度的大小差异。

(五)效应探索:动态主效应及调节与中介双重效应

过往对主效应的研究多以财务绩效等静态结果为导向,较少关注组织战略与治理等动态过程。未来研究应从静态结果到动态过程过渡,进一步考察在宏观制度环境作用下,CEO 管理自主权通过影响动态的微观企业行为(如腐败、谈判方式、商业模式、内部治理、外部战略等),进而对静态的企业绩效产生效应,从而初步建立起"宏观制度—管理自主权—微观企业行为与产出"的分析框架。在此基础上,后续研究还有必要进一步考察微观企业绩效通过"加总"形成的宏观经济发展水平,并推动宏观制度环境的变革,实现从微观到宏观的拓展。① 综

---

① 比如,黄冬娅(2013)对企业家影响地方政策过程所开展的探讨,即是从微观到宏观的有益尝试。

合前述有关管理自主权前因与效应的分析,我们不但初步构建了图2.2中"宏观—微观—宏观"的系统分析框架,更通过分析框架中第⑥步倒逼制度改革的方式,为解决中国进一步发展面临的两个重要问题提供了可能的思路。

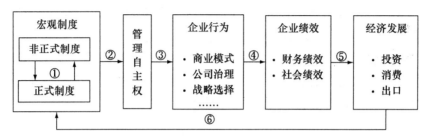

图2.2 "宏观—微观—宏观"的一个分析框架

注:此研究框架受益于北京大学光华管理学院姜国华教授在第二届"宏观经济政策与微观企业行为"学术研讨会上所做的主题发言。

此外,管理自主权的调节效应已受到足够重视,而中介效应则需获取更多实证证据。未来研究可结合前述调查数据,以区域(东、中、西部)或企业为分析层次,继续探索CEO管理自主权对制度环境与企业战略的中介效应。进一步,未来还可检验其被调节的中介和被中介的调节等复杂情况下的效应(温忠麟、张雷和侯杰泰,2006;林亚清、赵曙明,2013)。

(六)方法更新:定量分析与案例研究相结合

为进一步检验定量研究结论的可靠性,未来研究可聚焦有行业特色或影响力的企业,开展单案例研究;或以同行业的不同企业作为研究对象,开展比较案例研究。

单案例方面,比如,中国最大的家电零售连锁企业——国美电器高管层的控制权争夺战,表面上反映的是大股东与管理层的管理层之间的委托代理问题(祝继高、王春飞,2012),实质则反映了董事会、大股东、高管团队其他成员、机构投资者及独立投票咨询机构对CEO管理自主权的综合影响。对这些案例的研究,有助于我们更加精确地理解CEO管理自主权的前因与效应,实现高层与中层的有机连接(Hambrick,2007)。

比较案例分析法对于促进理论构建和创新,促使理论和实践相互促进与发展具有重要的意义,也是可以实验、探索、总结的一种新的思维和新的方法(敬采云、闫静,2012)。以航空业为例,比较曾经盛极一时却昙花一现的东星航空,以及至今仍在夹缝中艰难而顽强生存的春秋航空,在国有垄断企业、外国投资者、地方政府和代表中央政府的行业监管机构共同作用下的 CEO 管理自主权差异,将有助于为两家民营航空公司的不同结局提供有力解释,并为预测中国民营企业发展乃至国有企业改革提供新的启示。

为了弥补既有研究的不足,本研究将在转型中国情境下,通过定量分析和案例探讨,进一步明晰管理自主权的本质,运用感知测量方法,探索宏观制度环境影响管理自主权进而作用于微观企业行为的机制。

第三章 管理自主权：掠夺之手、无为之手还是扶持之手*

一、问题提出

管理自主权(Managerial Discretion)，亦称"自由裁量权""管理决断权""管理自由度"或"经理自主权"。它兼具实践与理论上的双重意义：实践方面，它对企业发展乃至国家经济转型具有重要的历史与现实意义。历史上，中国改革开放初期的国有企业改革正是从"放权让利"开始的；现实中，十八届三中全会关于发挥市场的决定性作用和发展混合所有制经济的两大突破性决定，均与其密切相关。理论方面，作为润滑剂，它能协调不同学科过于强调"制度决定论"或"人定胜天论"的学术观点；作为桥梁，它有助于连接制度前因与组织后果(Hambrick, et al., 2004)，实现宏观与微观领域的有效连接(Aguinis et al., 2011)。尽管管理自主权如此重要，但学界对其本质的认知仍有待进一步澄清，对其效应的探讨仍需更多实证证据加以明晰。

从本质上说，与管理学中的很多概念一样，管理自主权早期源自经济学，但两大学科对其本质的界定存在显著差异。基于 Williamson(1963)的基础性工作，经济学领域的研究将管理自主权纳入代理理论(Jensen and Meckling, 1976)与管理者资本主义(Marris, 1964; Misangyi, 2002)的分析框架中，认为它是管理者(代理方)追求个人利益而非股东(委托方)福利最大化的程度，即目标自由度。与此不同，管理学领域则视之为管理者在制定或执行战略过程中所具备的

---

* 本章内容曾以相同的题目发表于《中大管理研究》2014年第4期。

选择权(Hambrick and Finkelstein,1987),属行为自由度(张三保、张志学,2012)。进一步地,Shen 和 Cho(2005)以及 Crossland(2008)将管理自主权描述成行为自由度与目标自由度的二维组合。那么,管理自主权在本质上究竟是目标自由度、行为自由度,还是两者皆是或皆非?许德音和周长辉(2004)指出,"管理自主权"是"管理的精髓"。因而,进一步明辨其本质,对于高阶梯队理论的发展而言至关重要。

就效应而言,实务界的管理者们对管理自主权效应的讨论多持中性的价值判断,认为它作为一种环境特征,对企业并不必然有利或有弊,与组织生态理论一样将其视为"无为之手"。然而,经济学以代理理论为基础,趋向于假定管理者会运用自主权损公肥私、损害企业绩效,因而是"掠夺之手"。与此不同,与行为自由度相对应的管理学假设则持更积极的态度,认为管理自主权有助于提升企业绩效,属"扶持之手"。事实上,高阶梯队理论起初仅将调节效应作为管理自主权最重要的特征(Hambrick and Finkelstein,1987;Hambrick,2007)。近期,中介效应亦得到进一步证实(Crossland and Hambrick,2011;张三保和张志学,2012)。我们认为,无论是调节效应还是中介效应,其背后都蕴含着对其主效应的认可。只是这种主效应是利是弊,目前尚无定论,有待我们进一步探索。

为此,我们遵循通过效应探索来明辨管理自主权本质的研究思路,探索以下两个问题:第一,从本质上来看,管理自主权究竟是目标自由度还是行为自由度,抑或两者皆是或皆非?第二,就主效应而言,CEO 管理自主权究竟是掠夺之手、扶持之手,还是无为之手?运用世界银行 2005 年对中国 30 个省份 120 个城市 12 400 家企业的调查数据库,我们分别考察了管理自主权对公司治理过程与绩效的主效应。本研究各章节安排如下:第二部分基于文献回顾,从管理自主权分别对 CEO 薪酬-绩效敏感性、企业绩效及其波动的影响两个方面,提出了五个研究假设;第三部分实证检验前述研究假设,介绍了样本、测量与实证结果;最后,总结了基于前述实证结果所得的研究结论,并提出了释放管理自主权的全面深化改革建议。

二、文献回顾与假设提出

遵循通过效应研究结论揭示管理自主权本质的研究思路,我们从管理自主权对公司治理过程与结果两个方面的效应入手,在系统回顾文献的基础上,分别提出了相应的研究假设。

(一)管理自主权与薪酬-绩效敏感性

1. 高管薪酬与企业绩效的关系及其决定因素

(1)高管薪酬与绩效的关系。一些学者研究发现,管理层薪酬与企业绩效之间不相关或相关度很低(Finkelstein and Boyd,1998;魏刚,2000;李增泉,2000;谌新民、刘善敏,2003);另一些学者则发现,管理层薪酬与企业绩效存在一定的相关性(陈志广,2002)。比如,朱羿锟(2006)发现,管理层薪酬增速远超企业绩效涨幅,并将这一现象归纳为"经营者薪酬之谜"。进一步地,Belliveau、O'Reilly和Wade(1996)的研究结果表明,管理者薪酬与公司绩效之间显著相关。Finkelstein和Hambrick(1988)也推论,CEO边际产出指标与CEO的薪酬水平相关。至于高管薪酬应如何与绩效关联,新古典经济学和代理理论认为,基于绩效的权变形式的激励契约,有助于委托人和代理人更公平地分担企业经营风险。因此,管理者报酬应与公司绩效相联系,即:管理者的报酬水平应随着经营业绩的改善或下降而相应提高或降低(Jensen and Meckling,1976;Holmstrom,1979)。Balkin和Bomez-Mejia(1987)也认为,由于公司经营活动具有高度不确定性,把绩效与薪酬挂钩将使管理者面临更大风险,因此通过补偿风险溢价来增加管理者薪酬并无不妥。

(2)高管薪酬-绩效敏感性的决定因素。有关高管薪酬-绩效敏感性的决定因素,不少研究已从多角度进行了比较充分的探讨。这些因素具体包括:公司绩效(刘斌等,2003;方军雄,2009),CEO两职兼任、董事身份及其在董事会的任期(肖继辉、彭方平,2004),薪酬委员会独立性(谢德仁、林乐、陈运森,2012),企业所有权结构(Kato and Long,2005),董事会规模和是否在境外发行股票(Firth,Fung and Rui,2006),上市公司的股权结构和独立董事比重(杨贺、柯大钢、马春爱,2005),管理层控制权、工作激励、公司利润维持率和产品市场竞争程度(Mengistae and Xu,2004),企业政治关联(刘慧龙等,2010),相关法令(Cheng and Indjejikian,2009)乃至市场化程度(辛清泉、谭伟强,2009;陈信元等,2009),等等。

2. **管理自主权与高管薪酬水平**

管理自主权对公司高管尤其是CEO薪酬的影响,得到理论与实务界持续而广泛的关注。探讨管理自主权对高管薪酬影响的相关研究,通常以CEO管理自主权的个人、团队、组织与行业环境等影响因素为切入点,所得结论亦涵盖了正向和负向两个方面。

个人层次,CEO薪酬的决定因素包括其年龄、性别、经历、任期等人口统计特征(Young and Buchholtz,2002)。McKnight等(2000)发现,CEO基本薪酬与其年龄之间的关系随时间的推移而显著弱化,而CEO奖金和年龄之间呈非线性关系。另有研究指出,CEO任期与薪酬呈曲线关系(Hambrick and Finkelstein,1995)或正相关关系(Finkelstein and Boyd,1998)。

团队层次,张长征和李怀祖(2007)研究发现,团队自主权正向影响团队负责人与成员之间的报酬差距。Carpenter和Wade(2002)指出,高层管理团队中除CEO外的其他高管成员的薪酬与自主权相关。窦鹏(2011)以2009年144家医药类上市公司为样本的研究发现,CEO管理自主权与高管团队内部薪酬差距的正相关关系在非国有控股公司中更强。

组织层次,企业的绩效、规模、生命周期以及内部治理结构等要素,均影响高管的薪酬水平。例如,Finkelstein和Hambrick(1989)认为,公司规模的扩大增加了CEO经营管理的复杂程度,因而提高与能力要求相匹配的CEO薪酬水平也就顺理成章了。并且,企业处于不同生命周期阶段的内部资源与外部环境,亦是企业制定薪酬的依据。Conyon和He(2008)发现,高管薪酬与公司规模、绩效与成长机会正相关,而与公司风险负相关;CEO薪酬在国有企业更高,在股权集中的公司更低。Cheng和Indjejikian(2009)发现,企业绩效被控制之后,CEO被支付的薪酬更高。相比企业规模、绩效、生命周期等因素,公司治理结构对管理者薪酬-绩效敏感性的影响则受到更多关注。现代公司治理结构以所有权与经营权分离为重要特征。一方面，Bertand 和 Mullainathan(1999,2000)指出，经理人的薪酬由股东确定——股东通过薪酬契约来最大化股东财富，以降低由于经理人持股比例低而可能导致的道德风险问题。另一方面，Crystal(1991)则认为，经理人获得高薪的原因在于他们比股东掌握更高的议价能力。这种议价能力受多方面因素的影响，如公司之间通过互派董事而形成关系网络来减少所受监督(Hallock,1997)，或者通过CEO或内部人直接任职于薪酬委员会来实现利益输送(Conyon and Peck,1998；Newman and Mozes,1999)。可见，自主权较高的经理人，可以通过权力寻租来获取较高水平的薪酬(Demetz,1983)，从而引发"管理层利益侵占"(Managerial Entrenchment)问题(Bebchuk and Fried,2003；Jensen,Murphy and Wruck,2004；张必武、石金涛，2005)。总体而言，以代理理论为基础的文献假定较大的自主权将会放任管理者侵害股东利益(Dharwadkar,George and Brandes,2000；Gedajlovic and Shapiro,2002；Wright,Kroll and Elenkov,2002)，并在企业层次探索出一些结构性要素，如集中所有权程度(Hill and Snell,1989；Boeker,1992)，以降低管理者的在职消费，提升或抑制管理者侵夺股东权益的能力。

在行业层次，尽管 Hambrick 和 Finkelstein(1987)已认识到组织层次的管理自主权对管理者薪酬的影响，但他们仍坚持认为：行业层次的管理自主权，乃是管理者薪酬的基本决定因素，且低自主权行业的高管薪酬越低。一方面，在低自主权的行业中，由于战略选择的局限性与产出结果的确定性，管理者影响产出的能力将大大降低，此时董事会自然将设定相对较低的经理薪酬(Beatty and Zajac,1994)。例如，受管制的行业中CEO管理自主权较小，制约了管理者与董事会讨价还价的能力，因此CEO薪酬水平相对较低(Rajagopalan and Finkelstein,1992)。另一方面，由于高自主权的行业对管理者信息处理能力的要求更高，因此就要求管理者必须增加专用性人力资本投资，因而管理者有权获取更高的薪酬(Henderson and Frederickson,1996)。Gaver 和 Gaver(1995)发现，这些高增长行业中，管理者发挥才能的空间较大(即管理自主权较大)，CEO薪酬也较高。Finkelstein 和 Boyd(1998)也认为，高自主权行业中的管理者对企业拥有更大的影响能力(即边际产出更大)，从而决定了其薪酬水平较高；并且，这种行业特征决定的高自主权的管理者在设定其薪酬水平时受到的约束更少。也即，管理自主权与CEO薪酬水平正相关。在中国情境下，井润田(2009)运用中国

37个行业的实证证据证明,管理自主权是行业间高管薪酬差异的重要决定因素,且CEO管理自主权越高的行业,CEO平均薪酬越高,同时行业内薪酬差距越大。

3. 管理自主权与CEO薪酬-绩效敏感性

越来越多的研究已不再局限于关注管理自主权对薪酬水平的影响,而是转而探讨管理自主权对薪酬-绩效敏感性的效应。这也是经理人激励合约有效性最重要的测量工具。关于管理自主权与薪酬-绩效敏感性之间的关系,有研究认为,管理者权力使得其激励薪酬未必与企业绩效挂钩(Bebchuk and Fried, 2004);也有研究认为,管理自主权、薪酬与绩效三者之间存在一种权变关系(Finkelstein and Boyd, 1998)。更多的研究还是得出非正即负两种观点。

一些研究则认为,管理自主权与CEO薪酬-绩效敏感性正相关。比如,具有较高自主权导向的企业(如进攻者)或处于较高自主权环境(如放松管制期)中的企业,将会为其高管支付更高的薪酬,并且结果导向的薪酬份额将会更高(Rajagopalan and Finkelstein, 1992;Rajagopalan, 1997)。Magnan和St-Onge(1997)以单一行业为样本的研究发现,企业绩效与高管薪酬之间的关系在高自主权的情形下更显著。Gerhart和Milkovich(1990)则认为,CEO管理自主权越大,则其努力程度将越能促进企业绩效;并且,CEO的努力程度源自基于绩效的激励性报酬,因而CEO自主权越大,薪酬-绩效敏感性也越高。在中国情境下,尉安宁(1990)对1987年403家国有工业企业样本的相关资料进行实证分析后发现,自主权大的企业有可能利用扩大的权力,在企业整体效率没有提高的情况下为职工增加奖金或福利,其职工的收入福利水平要高于同量产出的自主权小的企业。

另一些研究则指出,CEO管理自主权越大,则其薪酬-绩效敏感性越小。Thompson(1967)指出,CEO为了规避风险,往往倾向于降低报酬总额中的变动份额,从而获得较低的薪酬-绩效敏感性。Gomez-Mejia、Tosi和Hinkin(1987)也认为,自利特性使得高自主权的CEO在参与或影响报酬契约时,获取较低的薪酬-绩效敏感性。张长征和李怀祖(2009)也发现,CEO管理自主权对其报酬业绩敏感性有显著负向影响,缺乏监督的管理自主权是导致中国经理报酬业绩敏感性持续偏低的关键因素。

4. 管理自主权与治理过程的研究假设

综合上述有关薪酬-绩效敏感性决定因素、管理自主权与高管薪酬水平以及薪酬-绩效敏感性的文献,我们认为,CEO 作为理性人,在企业经营结果产生之前,为了规避经营风险的不确定性,在与董事会进行薪酬谈判时,会运用自主权避免将自身薪酬与企业绩效挂钩。据此我们提出假设 3-1。然而,面对企业或好或差的经营结果,CEO 又会运用自主权实现趋利避害,实现个人福利的最大化,这是假设 3-2 和假设 3-3 的内容。

假设 3-1:CEO 管理自主权越大,其年薪与公司绩效直接挂钩的可能性越小。

假设 3-2:CEO 管理自主权越大,企业实际绩效超过预定目标时,其年薪的增幅越大。

假设 3-3:CEO 管理自主权越大,企业实际绩效未达预定目标时,其年薪的降幅越小。

至于 CEO 个人福利最大化是否必然与公司利益最大化相冲突,即 CEO 会否如代理理论所假设的那样挪用资源为己牟利而罔顾公司利益,我们将在下一节对 CEO 管理自主权影响企业生产效率及其波动的方向提出假设。

(二) 管理自主权与企业生产效率及其波动

CEO 管理自主权对企业绩效的影响,长期以来受到国内外诸多学者的关注,但至今仍未形成一致结论(张三保、张志学,2012)。

1. 无为之手:组织生态理论

组织生态理论(Ecology Theory)试图通过将进化与自然选择理论应用到组织情境中,以理解组织中人口多样化的成因(Baum,1996;Singh and Lumsden,1990)。一些流派认为,组织作为一种惯性力量,足以排除管理者的影响力(Hannan and Freeman,1977);另一些流派则认可管理者创造组织变革的能力,只是这种变革要么是结构性压力导致的既定结果,要么对组织收益的增进十分有限(Carroll,1988;Hannan and Freeman,1984)。这些不同流派的共同特征在于,他们假定外在的或内部结构性的压力,将迫使有意识的管理行为变得不那么重要。因此,该理论认为,管理自主权与企业绩效并不存在比较系统的关系。

2. 掠夺之手:代理理论

如前所述,组织生态理论将组织类比为生物学意义上的生命。与此不同,代理理论(Agency Theory)将组织视为各参与方订立的契约。在这个契约关系中,所有者与投资者作为委托方,授权管理者(即代理方)作为他们的代表,开展经营管理活动(Fama,1980;Jensen and Meckling,1976)。对于委托方而言,他们只需高度关注代理方是否忠于双方的契约。该理论认为,这种监督是有价值的,因为代理方拥有与委托方不尽一致的个人利益。因此,管理自主权将会助长管理者的机会主义行为——将本用于改善企业绩效的资源据为己有,因而会损害组织绩效(Fox and Marcus,1992;Phan and Hill,1995;Kiser,1999)。

3. 扶持之手:战略选择理论

与代理理论类似,战略选择理论(Strategic Choice Theory)也假定管理者有能力在组织中实施有意义的变革。然而,代理理论假定,管理者运用自主权获取个人收益,并以牺牲组织福利为代价。战略选择理论则假设,管理者将会运用自主权来使组织受益(Child,1972;Hrebiniak and Joyce,1985;Keats and Hitt,1988)。二者的差异在于,组织压力对管理者个人利益的影响效力:代理理论不认同组织的实体性,仅关注管理者与委托方之间的契约(Fama,1980)。在这种仅含契约的分析框架中,诸如晋升机会、组织承诺与工作依赖等问题都毫无意义。相反,战略选择理论则将组织视为一个实体,认为上述问题非常重要,并假定它们都是管理者帮助组织实现成功的最好收益。因而,管理自主权将有助于管理者在动态环境中不断调整,以应对无法预期的变革,进而增进组织绩效。

4. 管理自主权与企业结果的研究假设

一方面,基于 Hambrick 和 Finkelstein(1987)对 CEO 管理自主权的定义——行为自由度的理解,我们认同战略选择理论对"CEO 在晋升激励、组织归属感等因素影响下,会利用自主权致力于提高组织绩效"的判断,且张三保和张志学(2012)的研究也证实,省份层次的 CEO 管理自主权越大,则该省份企业的整体绩效就越高。另一方面,根据高阶梯队理论(Hambrick and Mason,1984),CEO 固然对企业过程与结果产生巨大影响,但这种影响不可能无限度,原因有二:其一,CEO 主观上的有限理性,使得其对企业绩效的影响必然存在一定的界限。当 CEO 运用管理自主权推动企业绩效攀升到一定幅度时,CEO 对企业绩效的边际影响力将会逐渐降低。在这种情况下,可以直接观察到的结果是,随着 CEO 管理自主权的增大,企业绩效的波动幅度将减小。其二,企业绩效客观上还受到外部环境与内部其他资源的影响,尽管制度与行业环境通过 CEO 对企业产生作用。因此我们提出假设 3-4 和假设 3-5。

假设 3-4：在其他条件不变的前提下，CEO 管理自主权越大，则企业生产效率越高。

假设 3-5：CEO 管理自主权越大，则企业的生产效率波动越小。

三、研究方法与实证分析

为了检验前述假设，本节实证考察 CEO 管理自主权对自身薪酬安排与企业绩效的影响，以揭示 CEO 如何利用管理自主权来平衡个人利益与企业利益。

（一）样本说明与变量测量

1. 样本说明

本研究第三、四、五章的数据均来自世界银行联合中国国家统计局于 2005 年对中国 30 个省份 120 个城市 12 400 家企业开展的"投资与经营环境调查"。该调查采用问卷形式进行（见附录三）。问卷填答对象分别为企业负责人、企业财务和人事负责人等。

样本企业的城市分布方面，四大直辖市各抽样 200 家企业，其余城市则各含 100 家企业。所有制分布方面，8% 为国有控股企业，28% 为外资企业，64% 为非国有企业。行业方面，由于一些服务性企业（如金融服务业）容易受到更多的政策限制，为了保证一致性，样本企业主要分布于制造业的 21 个行业（如表 3.1 所示）。规模方面，每一行业中的企业均被分为大、中、小三种类型，每类企业占行业全部收入的 1/3，且规模不同的三种企业数量相同。若某一行业的大企业数量不足，国家统计局的各地方调查中心则将剩余的样本重新分为大、中、小型企业，之后再从新的大型企业中抽取样本，直到符合该行业所包含的大企业数量要求为止（世界银行，2007）。样本中的每家企业至少有 10 名雇员。除了收集企业数据，本次调查还收集了城市数据。

表 3.1 调查样本的行业分布

代码	行业	企业数(家)	百分比(%)
13	农副食品加工业	969	7.81
14	食品制造业	243	1.96
15	饮料制造业	178	1.44
16	烟草制品业	46	0.37
17	纺织制造业	952	7.68
18	服装、鞋、帽制造业	206	1.66
19	皮革、毛皮、羽毛(绒)及其制品业	139	1.12
20	木材加工及竹、藤、棕、草制品业	141	1.14
21	家具制造业	55	0.44
22	造纸及纸制品业	235	1.90
23	印刷业和记录媒介的复制	62	0.50
24	文教体育用品制造业	41	0.33
25	石油加工及炼焦业	182	1.47
26	化学原料及化学制品制造业	1 441	11.62
27	医药制造业	426	3.44
28	化学纤维制造业	47	0.38
29	橡胶制品业	21	0.17
30	塑料制造业	329	2.65
31	非金属矿物制品业	1 299	10.48
32	黑色金属冶炼及压延加工业	491	3.96
33	有色金属冶炼及压延加工业	345	2.78
34	金属制品业	366	2.95
35	通用机械制造业	1 077	8.69
36	专用设备制造业	486	3.92
37	交通运输设备制造业	989	7.98
39	电器机械及器材制造业	864	6.97
40	电子及通信设备制造业	598	4.82
41	仪器仪表及文化、办公用机械制造业	60	0.48
42	工艺品及其他制造业	109	0.88
43	再生材料加工业	3	0.02
	总计	12 400	100.00

2. 变量测量

本研究使用的自变量为 CEO 投资、人事、生产自主权的总体平均值。为了检验假设 3-1 至假设 3-3,以 CEO 薪酬-绩效敏感性的一个虚拟变量和两个连续变量依次作为因变量;对假设 3-4 至假设 3-5 的检验,则分别以企业产能利用率及其波动为因变量。并且,对五个假设的检验,均在 CEO 个体与企业层次上控制了一些潜在因素的影响。详细的变量说明如表 3.2 所示。

表 3.2 变量定义与测量方法

	变量	含义	测量	来源
自变量	tot_dis	管理自主权	CEO 生产、投资、人事自主权的均值,1—8 由小到大:0—19%;20%—39%;40%—59%;60%—69%;70%—79%;80%—89%;90%—99%;100%	
因变量	pay_sen	CEO 薪酬-绩效敏感性	CEO 的年薪是否直接与企业绩效挂钩:1 否;2 是	CEO
	pay_sen1	CEO 薪酬-绩效敏感性 1	2004 年若绩效超过预期,CEO 年薪增幅 1—5 由小到大:1%—5%;6%—10%;11%—15%;16%—20%;21%—40%;41%—60%;>61%	
	pay_sen2	CEO 薪酬-绩效敏感性 2	2004 年若绩效低于预期,CEO 年薪降幅 1—5 由小到大:1%—5%;6%—10%;11%—15%;16%—20%;21%—40%;41%—60%;>61%	
	per04	企业效率	分别询问 2004 年、2003 年、2002 年生产能力利用率	根据财务经理汇报计算
	vper02	企业效率波动	2002—2004 年间生产能力利用率波动,(per04 − per02)/per02 的绝对值	
控制变量	edu	教育水平	CEO 的教育水平,1—7 由低到高:非正式教育;小学;初中;高中;专科;本科;硕士及以上	CEO
	tenure	任期	担任现职的时间	
	pol_app	政治任命	CEO 是否为政府任命:1 否;2 是	
	duality	两职兼任	CEO 是否兼任董事长:1 否;2 是	
	firm_age	企业年龄	2004 减去企业成立年限	财务经理
	lnsales	企业规模	2002—2004 年三年主营业务收入均值的自然对数	
	prv_own	私有产权比重	集体、企业与私人比重之和	
	for_own	外资产权比重	企业所有制结构中的外资所有比重	

(二) 实证分析

1. 描述性统计

表 3.3 为管理自主权分别与 CEO 薪酬-绩效敏感性、企业生产率及其波动的 Pearson 相关分析结果。一方面,CEO 管理自主权与薪酬-绩效敏感性三个指标的相关关系显示:CEO 享有更大的管理自主权时,其薪酬与企业绩效挂钩的可能性(pay_sen)更小;当企业绩效超过预定目标时,更大的 CEO 管理自主权与更高的 CEO 薪酬涨幅(pay_sen1)相关;并且,当企业绩效未达预定目标时,更大的管理自主权与更低的 CEO 薪酬降幅(pay_sen2)相关。由此,假设 3-1 至假设 3-3 得到初步验证。另一方面,从 CEO 管理自主权与企业产能利用率及其波动的相关关系来看:更大的 CEO 管理自主权,与更高的企业生产效率(per04)相关,而与更小的企业生产效率波动(vper02)相关,从而初步验证了假设 1-4 和假设 1-5。

表 3.3 管理自主权与 CEO 薪酬-绩效敏感性、企业生产率及其波动相关

变量	Obs	Mean	SD	1	2	3	4	5
1. pay_sen	12 145	0.668	0.471	—				
2. pay_sen1	7 366	2.376	1.558		—			
3. pay_sen2	462	2.504	1.665					
4. per04	12 301	82.92	19.940	0.071**	0.046**	-0.064	—	
5. vper02	12 300	0.304	4.846	0.005	-0.011	0.053	-0.035**	—
6. tot_dis	12 223	7.194	1.523	-0.029**	0.024*	-0.009	0.026**	-0.026**

注: ** 表示 $p<0.01$, * 表示 $p<0.05$。

2. 回归分析

为进一步检验假设 3-1 至假设 3-3,基于变量类型的考虑,加入反映 CEO 个人与企业特征的上述控制变量后,我们首先对 CEO 薪酬-绩效敏感性(pay_sen)进行 Logit 回归;随后对 CEO 薪酬-绩效敏感性的另两个指标(pay_sen1 和 pay_sen2)进行 OLS 回归。表 3.4 中模型(2)、模型(4)和模型(6)的回归结果显示:① 当 CEO 管理自主权更大时,CEO 薪酬与企业绩效挂钩的可能性更小($\beta = -0.036, p<0.05$),假设 3-1 得以证实;② CEO 拥有的管理自主权越大,则当企业绩效超过预期时,其薪酬涨幅越大($\beta = 0.026, p<0.1$),证明了假设 3-2;③ CEO 管理自主权越大,则当企业绩效未达预期时,其薪酬降幅越小($\beta = -0.014$),进一步验证了假设 3-3。

表 3.4 CEO 薪酬-绩效敏感性、企业生产效率及其波动对管理自主权回归

变量	pay_sen (1)	pay_sen (2)	pay_sen1 (3)	pay_sen1 (4)	pay_sen2 (5)	pay_sen2 (6)	per04 (7)	per04 (8)	vper02 (9)	vper02 (10)
tot_dis		−0.036* (0.017)		0.026† (0.014)		−0.014 (0.058)		0.316* (0.144)		−0.030* (0.013)
edu	0.251** (0.027)	0.251** (0.027)	−0.035 (0.025)	−0.035 (0.025)	0.077 (0.122)	0.061 (0.123)	−0.557* (0.243)	−0.528* (0.244)	0.064** (0.022)	0.062** (0.022)
tenure	0.003 (0.005)	0.003 (0.005)	0.002 (0.005)	0.002 (0.005)	−0.009 (0.022)	−0.010 (0.022)	0.126** (0.047)	0.123** (0.047)	−0.007† (0.004)	−0.007† (0.004)
pol_app	−0.036 (0.097)	−0.052 (0.098)	−0.150† (0.078)	−0.140† (0.079)	−0.118 (0.326)	−0.119 (0.328)	−0.572 (0.816)	−0.455 (0.821)	−0.059 (0.072)	−0.072 (0.073)
duality	−0.111* (0.053)	−0.103† (0.053)	−0.020 (0.046)	−0.024 (0.047)	0.284 (0.208)	0.274 (0.209)	1.097* (0.463)	1.009* (0.465)	−0.043 (0.041)	−0.037 (0.041)
firm_age	0.004† (0.002)	0.004† (0.002)	−0.002 (0.002)	−0.002 (0.002)	0.015† (0.009)	0.015† (0.009)	−0.012 (0.018)	−0.013 (0.018)	−0.005** (0.002)	−0.005** (0.002)
prv_own	−0.001 (0.001)	−0.001 (0.001)	−0.001† (0.000)	−0.001† (0.000)	−0.004† (0.002)	−0.004† (0.002)	0.011* (0.005)	0.010* (0.005)	−0.001** (0.000)	−0.001** (0.000)
for_own	−0.014** (0.001)	−0.014** (0.001)	−0.002* (0.001)	−0.002* (0.001)	0.005 (0.004)	0.005 (0.004)	0.009 (0.007)	0.008 (0.007)	−0.001 (0.001)	−0.001 (0.001)
lnsales	0.116** (0.015)	0.116** (0.015)	0.092** (0.013)	0.092** (0.013)	0.014 (0.059)	0.013 (0.059)	2.191** (0.125)	2.197** (0.125)	−0.051** (0.011)	−0.052** (0.011)
Constant	−1.591** (0.206)	−1.333** (0.242)	1.680** (0.185)	1.498** (0.212)	1.859* (0.875)	2.066* (1.003)	60.82** (1.804)	58.43** (2.104)	0.663** (0.160)	0.888** (0.187)
F	548.28**	555.18**	8.33**	7.69**	1.66	1.47	43.52**	39.04**	7.11**	6.92**
Obs	8691	8656	5446	5428	341	339	8791	8753	8790	8752
R^2	—	—	0.012	0.013	0.038	0.039	0.038	0.039	0.006	0.007

注：**表示 $p<0.01$，*表示 $p<0.05$，†表示 $p<0.1$；括号中为标准误。

为进一步检验假设 3-4 和假设 3-5,在同样控制前述个人与企业层次相关变量的前提下,我们采用调查当年的企业生产效率(per04),以及 2002—2004 年三年间企业生产效率的波动(vper02),分别对 CEO 管理自主权进行了 OLS 回归。可以看到:① 在模型(8)中,当 CEO 管理自主权更大时,企业的生产效率更高($\beta = 0.316$, $p < 0.05$),验证了假设 3-4;② 在模型(10)中,CEO 管理自主权越大,企业生产效率的波动越小($\beta = -0.030$, $p < 0.05$),验证了假设 3-5。

四、研究结论与实践启示

(一) 研究结论

根据前述对 CEO 管理自主权影响薪酬-绩效敏感性的研究,我们获得如下结论:第一,CEO 的管理自主权越大,其年薪与公司绩效直接挂钩的可能性越小,即薪酬-绩效敏感性越低;第二,当企业实际绩效超过预期时,若 CEO 管理自主权越大,则其年薪增加幅度越大,即薪酬-绩效敏感性越高;第三,当企业实际绩效低于预期时,若 CEO 管理自主权越大,则其年薪减少幅度越小,即薪酬-绩效敏感性越低。

上述结论说明,当享有更大的管理自主权时,CEO 与董事会开展薪酬谈判时,并不倾向于将自身薪酬与企业经营绩效挂钩,以规避公司未来经营业绩的不确定性,此为避害。然而,当企业实际经营绩效超过预定目标时,CEO 又运用管理自主权,使自身薪酬的涨幅高于实际绩效的增幅,分享企业收益,此为趋利。并且,若企业的实际经营绩效未达到预定标准,CEO 会倚仗其自主权,使得自身薪酬的减幅低于实际绩效的降幅,此亦为避害。可见,CEO 为了自身利益的最大化,会利用其掌握的管理自主权,选择并实施趋利避害的薪酬安排,由此反映出其"目标自由度"的一面。

此外,通过考察 CEO 管理自主权对企业生产效率及其波动的影响,我们发现:第一,CEO 的管理自主权越大,则企业生产效率越高;第二,CEO 的管理自主权越大,则企业生产效率的波动越小。可见,作为一种"行为自由度",CEO 管理自主权的增加,固然能够帮助企业提升生产效率。并且,生产效率的这种提升存在一定限度。究其根源,我们认为,企业绩效并非完全受CEO制定或执行企业战略时所享有的自由度所影响,它还受到很多其他因素的制约。因此,在CEO管理自主权对企业绩效的影响达到顶峰后,将会越来越趋于维持在一个比较均衡的水平。这一重要结论为我们重新认识CEO管理自主权的效应提供了新视角,即:企业绩效的提升,确实在一定程度上依赖于CEO管理自主权的增大;并且,这部分绩效的提升有一定限度,因为整体绩效还受到其他因素的影响。

总而言之,我们通过中国情境下的实证研究证明:其一,就效应而言,管理自主权是一只"有限的扶持之手",而不是委托代理理论强调的"掠夺之手",或者组织生态理论认可的"无为之手",当然,也并非"无限的扶持之手"。其二,就本质而言,管理自主权实为行为自由度与目标自由度的二维复合结构,而非单纯任一方面。由此,本研究不但明晰了管理自主权的效应,澄清了其本质,还促进了经济学与管理学两大学科视角的有机融合。

(二)实践启示

在经济增速放缓的"新常态"下,跨越"中等收入陷阱",仍以从全球角度看较快的速度持续增长,是中国进一步发展急需解决的重要问题(世界银行和国务院发展研究中心联合课题组,2013)。我们认为,要解决这一重要问题,必须达成两点基本共识:第一,企业是经济发展的引擎(Coase,1937);第二,企业的企业家是经济增长的国王(张维迎、盛斌,2014)。基于此共识,并结合本研究的结论——管理自主权是企业成长的"扶持之手",我们可以将前述问题的解决方案转化为释放企业的自主权。事实上,中国改革开放初期的国有企业改革,正是从释放企业自主权的"放权让利"开始的(袁宝华,2009)。

当今中国企业自主权主要受制于两大因素:对于所有企业而言,有政府的强势干预;对于民营企业而言,有国有企业的垄断竞争。为此,中共十八届三中全会提出了全面深化改革的两大突破性决定:一是"处理好政府和市场的关系,使市场在资源配置中起决定性作用和更好发挥政府作用";二是"积极发展混合所有制经济"。我们认为,要落实两大突破性的决定,需要结合政府自上而下的顶层设计,以及企业自下而上的"摸着石头过河"。

其一,要发挥市场在资源配置中的决定性作用,就必须通过宏观上的多重制度顶层设计,释放微观的企业自主权,发挥CEO管理自主权"扶持之手"的效应,弥补政府"有形之手"的不足。具体措施方面,比如,重新界定政府职能,减少对企业经营的直接干预,加快建设统一开放、竞争有序的市场体系,建立公平开放的市场规则(习近平,2014)。又如,应培育并发展中介组织,使其成为沟通政府与企业的桥梁,将政府对企业的直接干预转变为通过对中介组织的指导来间接调节。

其二,从1998年到2012年的15年间,中国的所有制结构变迁经历了从"国退民进"到"国进民退"的戏剧性反复。然而,正如郭重庆(2012)所指出的,从长远健康发展来看,中国经济的主导力量必须从政府向企业转移,特别是向民营企业转移。发展混合所有制,首先需要完善国有企业法人治理结构,将政府的公共管理职能独立出企业的经营管理,并引入多元化产权主体,实现"国有资本、集体资本、非公有资本等交叉持股、相互融合",并规范各方责权利,以实现企业决策科学化,增强市场竞争力和根据市场变化灵活调整决策的能力。

其三,作为企业家,不应甘于"在商言商"、无所作为,而应致力于发挥管理自主权,实现企业内部整合与外部适应的双向提升(张三保、舒熳,2014),引领企业成长,进而推动整体经济发展,实现自下而上地倒逼宏观制度的变革(张三保、张志学,2014)。

当然,我们强调市场的决定性而非基础性作用,并不意味着用市场在资源配置中的决定性作用取代甚至否定政府作用。相反,在全面深化改革的初期,甚至应以政府主导为主,通过政策引导确立市场规则等治标措施,为发挥市场主导地位的治本改革赢得时间。

第四章 感知制度环境、管理自主权与企业地域多元化

一、问题提出

学界对企业多元化动因的探讨,自制度基础观(Institution-based View)提出以来,已不再局限于产业基础观(Industry-based View)所关注的产业环境,或资源基础观(Resource-based View)所聚焦的企业资源,转而愈发强调企业外部的制度环境(Peng,2002)。然而,既有考察制度环境作用于企业地域多元化的研究(蓝海林等,2010;李善民和周小春,2007),忽略了战略领导的重要作用(Finkelstein, Hambrick and Cannella, 2009),因而未能厘清制度环境作用于企业战略的具体机制。

与此不同,Crossland 和 Hambrick(2011)、张三保和张志学(2012)证实,制度环境通过 CEO 管理自主权(Managerial Discretion),对企业战略与绩效施加影响。然而,二者尚存三点不足:其一,他们使用的客观制度指标究竟能在多大程度上被企业感知,进而影响企业行为与结果?这个问题值得深究,因为即使处于同一地域,不同企业感知的制度环境也不尽一致。其二,他们分别以国家或省份为分析层次,也就无法考虑企业层次的所有制性质可能造成的影响。但这在中国情境下至关重要。其三,中国情境下对企业地域多元化的既有探讨多聚焦于国际化,而忽略了国内市场分割条件下企业经营的地域范围差异,从而缺乏对中国市场分割空间差异的准确判断。

为了全面考察企业地域多元化的制度与资源动因及其作用机制,进而确定中国地区市场分割的界限,我们在整合多元化动因相关理论的基础上构建出分析框架,并运用世界银行企业经营环境调查(Investment Climate Survey)的大样

本数据对其进行实证检验。本部分各章节安排如下:第二节整合资源基础观、制度基础观和高阶梯队理论构建出一个系统分析框架,提出研究假设;第三节介绍样本和测量方法;第四节实证检验假设和分析框架;最后,总结研究结论,并提出研究启示、不足与未来方向。

本研究的贡献主要体现在三个方面:第一,我们基于研究结论,清晰勾画出中国区域市场分割的界限存在于省份而非省内城市之间,将单纯探讨市场分割机理的研究拓展到考察市场分割的空间差异性(张超、王春杨,2013),更新了"中国东中西三大地区之间的市场分割程度并不明显,且呈现出稳定收敛、日趋整合的形势"的论断(赵奇伟、熊性美,2009),澄清了"中国改革应更关注县域范围"的判断(张五常,2009),为建设国内统一市场廓清了范围。第二,本研究整合相关理论构建出"制度环境—战略领导—企业行为"的分析框架并通过了实证检验,从而证实了管理自主权的中介而非传统的调节效应(Hambrick,2007),进而实现了宏观与微观领域的有机连接(张三保、张志学,2014),探明了制度企业家(Institutional Entrepreneurship)的形成路径,为后续考察其他企业战略提供了借鉴。第三,本研究始终紧扣中国现实国情,对制度环境的精确测量以及对企业国有、民营和外资成分影响效应的比较,不但确保了研究结论的可靠性,且为全面深化改革进程中的政府职能转变、混合所有制发展等重要议题提供了现实启示。

二、理论、框架与研究假设

(一) 多元化动因的理论与分析框架

多元化动因方面,尽管西方理论界与中国企业界都重视资源和资产组合,但前者更强调资源、交易费用和代理因素,后者则更重视资产组合、政府政策和制度因素(贾良定等,2005)。我们将首先结合资源基础观和制度基础观进行分析。

1. 资源基础观：企业所有权结构

以五力模型为分析工具，Porter(1980,1985)的产业基础观区分了企业实施不同形式多元化的动因：① 为了实现成本领先与差异化，往往进行相关多元化；② 为了打破目标产业或国家的进入壁垒、实现投资组合多元化，通常采用收购等方式实施地域多元化；③ 为了应对供应商、买方的议价能力与替代品的威胁，较常采用产品相关多元化及地域多元化两种战略。然而，一些在产业基础观看来并不具有吸引力的产业，为什么企业进入后却获得了成功？并且，即使在同一产业，为什么一些企业总比其他企业绩效更好？为了回答这些问题，以 Barney(1991)为代表的资源基础观强调，获取有价值的、稀缺的和难以模仿的资源，以及有效组织这些资源的能力，是企业实施地域多元化的动力。

中国的转型经济结构中同时存在国有、集体、民营、外资等不同性质的企业，甚至同一企业包含国家、集体、法人、个人和外商等多种形式的混合所有制成分。这些不同性质的企业乃至同一企业中的不同所有制成分，各自代表差异明显的资源禀赋。比如，陈信元和黄俊(2007)指出，政府直接控股的上市公司，更易实施多元化经营。巫景飞等(2008)发现，国有企业比民营企业的高管政治网络对企业地域多元化的正向促进作用更强。又如胡旭阳和史晋川(2008)发现，民营企业拥有的政治资源与其多元化程度以及进入政府管制行业进行多元化的可能性正相关。

2. 制度基础观：地区制度环境

区别于产业或资源基础观，Peng(2002)提出的制度基础观认为，正式和非正式的制度条件直接塑造了多元化战略。中国转型背景下，企业所面临的外部制度显著区别于西方发达国家。因此，探讨中国企业多元化战略的动因，除强调产业结构、企业资源条件外，还应关注特定的制度环境(张雷，2011)。谢佩洪和王在峰(2008)指出，正式制度的缺失与非正式制度的约束、企业对政府的依赖和妥协迁就、政策多变和管制放松带来的市场机会诱惑，是中国情境下企业多元化经营的三个成因。

那么，中国情境下哪些制度要素塑造了企业地域多元化？正式制度方面，朱武祥(2001)认为，多元化行为取决于金融系统的发展水平和资源配置功能的有效性。金祥荣、茹玉骢和吴宏(2008)指出，法律制度和产权保护制度显著影响了地区出口的差异。陈信元和黄俊(2007)发现，政府干预会加速政府直接控股的上市公司实施多元化经营。杨典(2011)研究显示,国家政策和资本市场强有力地塑造了上市公司的多元化:从行政级别来看,县、乡、镇与中央控股企业的多元化程度较低,而省级与市级政府控股企业的多元化程度较高——呈倒 U 形关系;从地理位置来看,沿海企业比内陆企业的多元化程度更高;总资产收益率或公司规模均与多元化程度无关。可见,中国情境下的政府干预、法治环境、融资约束均影响了企业的多元化。非正式制度方面,潘越等(2009)研究发现,社会资本较高地区的人际信任水平也相应较高,企业更倾向于相信他人而对外投资;而且,来自人际信任水平较高地区的企业,其投资行为也更容易为投资地所接受。

3. 高阶梯队理论:管理自主权

资源基础观强调企业内部资源与能力却忽略了外部环境,制度基础观注重外部制度环境却忽略了战略领导的能动作用。高阶梯队理论认为,高层管理者对组织行为与产出具有极大的影响。其行动逻辑建立在根据自身经验、信念与价值观而形成的对事物认知解读的基础上(Hambrick and Mason,1984)。作为该理论的重要变量,管理自主权意指管理者的行为自由度(Latitude of Action)——如果管理者具有较大的战略选择自由度,则企业行为与结果将更紧密地反映其认知;若管理者的行为受到严重制约,即缺乏自主权,则其独特的认知解读将不再决定企业采取特定战略的行为(Hambrick,2007)。这与经济学将其界定为目标自由度(Latitude of Objectives)显著不同。结合 Hirschman(1970)的理论,当企业所受约束大于支持时,高层管理者会运用自主权实施地域多元化以突破地域束缚。

4. 分析框架构建

许德音和周长辉(2004)指出,管理的精髓在于 CEO 的管理自主权,在于战略与内部资源和外部环境的匹配,而不仅仅是政策、制度与行业环境的问题。基于此,Crossland 和 Hambrick(2011)以多个市场国家为背景,证实 CEO 管理自主权对制度环境和企业绩效的中介效应。以中国 30 个省为情境,张三保和张志学(2012)则验证了管理自主权对制度环境与企业风险承担的中介作用。后者将静态绩效结果拓展到动态企业战略,并将分析层次从国家内化到省份,把握了一国内部由于市场分割所引发的地区间制度差异(Chan,Makino and Isobe,2010;Luo,2001;Meyer and Nguyen,2005;Wright et al.,2005),却无法据此确定中国地区市场分割的界限。整合资源基础观、制度基础观和高阶梯队理论,我们构建出如图4.1所示的分析框架。随后,我们将分别就制度环境、所有制结构与管理自主权及企业战略的关系提出相应假设,并开展实证研究,以检验该分析框架。

图4.1 第四章分析框架

(二)中国情境下的研究假设

结合上述分析框架,我们分别从三个方面提出五个研究假设:① 制度及所有制前因与管理自主权;② 管理自主权对地域多元化的主效应;③ 管理自主权的中介效应。其中,中国情境下的制度前因,将从政府行为(正式)与社会网络(非正式)两个方面来阐释,而政府行为又包括干预与支持两个方面。

1. 政府行为与管理自主权

早期研究基于定性分析与直观判断,将政府管制程度作为管理自主权的重要制约因素之一(Finkelstein and Hambrick, 1990; Hambrick and Finkelstein, 1987; Hambrick, Geletkanycz and Fredrickson, 1993)。随后的实证探讨中,Haleblian 和 Finkelstein(1993)也将政府管制程度作为计算行业管理自主权综合指数的一个重要指标。最近,一些研究开始在国家层次探讨管理自主权的系统差异。比如,Crossland 和 Hambrick(2007)推定,就 CEO 影响企业绩效的程度,美国企业比德国和日本企业更大,这与三国的法律传统、企业所有制结构、董事会治理和文化价值观密切相关。进一步,Crossland 和 Hambrick(2011)实证表明,一个国家的企业雇主灵活性越大,法律体系采用普通法系而非大陆法系,则该国 CEO 管理自主权越大。并且,由于管制相对宽松,英国、美国比北欧和东亚地区的国家的企业 CEO 管理自主权更大。此外,Hambrick 等(2004)指出,伴随许多国家在宏观管制上的日趋放松,企业 CEO 管理自主权迅即扩大。以放松管制后的用工为例,企业可以选择雇用固定编制工人或临时工(Finkelstein, Hambrick and

Cannella,2009)。张三保和张志学(2012)研究表明,除政府干预程度外,地区金融发展水平、司法公正程度及用工自由度,均与总部位于该省的企业 CEO 管理自主权正相关。据此我们在企业层次提出假设 4-1。

假设 4-1:总体上,企业感知的政府干预程度越大,则其 CEO 管理自主权越小(1a);相反,企业感知的政府支持程度越大,则 CEO 管理自主权越大(1b)。具体而言,企业用工自由度越小,CEO 管理自主权越小(1c);而企业从正规渠道融资便利程度越大(1d)、司法公正度越高(1e),则 CEO 管理自主权越大。

2. 社会网络与管理自主权

转型经济的市场机制往往不够完善,并由此导致市场运行效率不高。市场失灵时,除政府"有形之手"外,社会网络也常常替代市场机制行使资源配置职能(Peng and Heath,1996)。社会网络的研究视角,能够更好地捕捉中国转型期的企业组织与战略行为特征(贺小刚、李新春,2005;张建君、李宏伟,2007)。福山(1998)指出,基于社会网络建立的信任,是除物质资本和人力资本之外,决定经济增长和社会进步的主要社会资本。信任的基础在于合作,且后者与权力、市场一起,被认为构成维系经济合作行为的三种机制(Powell,1990)。

一般而言,人类之间的合作行为一般至少要满足两个条件:一是可供选择的合作者,二是行动者之间的相互信任(赵泉民、李怡,2007)。在中国的文化传统中,人情与面子决定了在与长期合作伙伴的交易过程中,人们不会优先倾向于采用正式的合同或法律手段来加以约束(Boisot and Child,1996;Child,Chung and Davies,2003;Xin and Pearce,1996)。在研究中国情境下交易风险影响管理者行为选择时,Zheng 和 Poppo(2010)便将关系依赖及契约依赖作为几乎对立的两种行为。探讨中外制度距离影响企业国际营销渠道的治理战略时,Yang、Su 和 Fam(2012)亦将关系治理与合同定制化对立。可见,与签订合同相比,企业与其主要供应商或客户通常不需要签订合同,可以反映出企业的社会网络越强,交易双方之间的信任水平越高。鲍丹(2011)进一步指出,高社会信任度客观上为多样化社会关系的产生提供了前提条件,有助于提高社会运转效率;相反,低社会信任度使得人们对生产交易缺乏安全感,需要附加强制条件(如签订正式合同)才能完成交易,相对增加了社会运转成本。据此我们提出假设 4-2。

假设 4-2:企业的商业网络越强,则其 CEO 管理自主权越大。

3. 混合所有制结构与管理自主权

国有企业在中国经济中仍居主导地位(Sun and Tong, 2003),其业务运营通常受政府的政治或社会目标所制约(Clarke, 2003)。国有企业的管理者大多属于政治任命,他们不但需要维持企业的正常运转,还肩负维持就业、保障国家对一定战略性新兴产业实施控制等社会和政治目标,因而管理自主权自然受到限制(连燕玲等,2013)。并且,国有企业通常依赖国家提供一些财政拨款、政府采购、产品分销和人事决策等方面的关键资源(Aharoni, 1986)。这种依赖将明显削弱国有企业管理者的管理自主权(Li and Tang, 2010)。相反,如果一个国家或省份的所有制足够分散,即民营和外资水平越高,则CEO影响企业行为与结果的能力越强(Crossland and Hambrick, 2011;张三保、张志学,2012)。据此我们在企业层次提出假设4-3。

假设4-3:企业的国有产权比重越高,其CEO管理自主权越小(3a);相反,民营(3b)或外资产权(3c)比重越高,其CEO管理自主权越大。

4. 管理自主权与地域多元化

基于高阶梯队理论对企业多元化动因的探讨,早期聚焦于高管人口统计特征等个人因素。比如,陈传明和孙俊华(2008)研究表明,企业家学历、曾任职的企业数量与多元化程度正相关,而企业家年龄与多元化程度呈倒U形关系;企业家为男性或拥有技术类专业背景时,企业多元化程度更高,而拥有财务背景时,企业多元化程度更低。事实上,个人因素早期也常被作为管理自主权的测量方法。后续研究开始结合个人与企业两个方面。比如,姜付秀(2006)发现,个人方面的经济理性动机,尤其是组织理性动机以及个人理性动机,影响着上市公司对多元化经营模式的选择;企业方面的公司规模、股权结构、公司上市时间长短及其所处行业等因素,也对上市公司多元化及其程度产生显著影响。

进一步的研究则关注公司的内外部治理结构。内部方面,谢绚丽和赵胜利(2011)基于委托代理理论与资源依赖理论的研究表明,中小企业的董事会结构显著影响到公司的多元化战略。外部方面,张三保和张志学(2012)证实,在区域制度差异的前提下,总部位于该省的CEO管理自主权越大,则企业的国际化程度越高。循此思路,我们认为,中国地区市场分割条件下,各地政府出于财政激励或政治晋升需要而出台优惠条件招商引资。不难理解,当企业感受到当地政府的限制手段大于支持力度时,CEO将更倾向于运用其管理自主权,通过跨地域发展来突破当地局限。因此我们提出假设4-4。

假设4-4：CEO管理自主权越大，则企业的当地化程度越低(4a)，跨地域(4b.跨市,4c.跨省,4d.跨国)发展程度越高。

5. 管理自主权的中介效应

尽管管理自主权最初被作为重要的调节变量(Hambrick，2007)，但其中介效应正被越来越多的最新研究所挖掘。如前所述，Crossland 和 Hambrick(2011)证实，管理自主权对国家层次的制度环境与企业绩效具有中介效应。张三保和张志学(2012)的研究也表明，管理自主权对省区制度与企业风险承担具有中介效应。此外，多元化动因的回顾显示，前人研究已经证明政府行为、社会网络与所有制结构对企业地域多元化具有主效应。在此条件下，如果管理自主权与其前因(假设4-1至假设4-3)及效应(假设4-4)的关系均被证实，那么根据中介效应的定义，管理自主权将确实对制度、资源前因及多元化结果具有中介效应。据此我们提出假设4-5。

假设4-5：管理自主权中介了地区制度环境、混合所有制结构分别与企业地域多元化的关系。

三、数据、样本与测量

（一）数据来源与样本说明

本研究样本选自世界银行联合中国国家统计局于2005年对中国30个省份120个城市12 400家企业开展的"投资与经营环境调查"。该调查采用问卷形式进行。问卷分为三大部分，除了"城市概况"外，其余两部分分别由企业总经理、财务经理或人事经理填答。

样本企业的城市分布方面，除北京、天津、上海、重庆各抽样200家企业外，其余城市各含100家。其中，8%为国有控股企业，28%为外资企业，64%为非国有企业。行业方面，由于一些服务性企业(如金融服务业)容易受到更多的政策限制，因此为了保证一致性，样本企业主要分布于制造业的21个行业。规模方面,每一行业中的企业均被分为大、中、小三种类型,每类企业占行业全部收入的1/3,且规模不同的三种企业数量相同。① 样本中的每家企业至少有10名雇员。我们根据研究问题选取相关指标,剔除包含明显奇异特征值的观测企业之后,最终样本一共包括12 301家企业。

(二) 变量测量

1. 自变量、中介变量与因变量

根据分析框架和所提假设,本研究以企业感知的政府行为和企业社会网络及其所有制结构等三个方面的多个指标作为自变量,以CEO管理自主权作为中介变量,并以四个不同层次的地域多元化程度作为因变量。这些指标由公司总经理或财务经理提供,具体测量方法如表4.1所示。

表4.1 自变量、中介变量与因变量的测量方法

变量			指标说明	来源
正式	政府干预	gov_int	公司负责人每月与政府有关部门交往平均天数:1—8 由小到大	总经理
	政府支持	gov_sup	过去或未来5年资产并购,当地政府的作用:1—5 由低到高②	
	融资便利	fin_dev	从正规金融机构贷款的难易程度变化:1—5 由难到易	
	司法公正	leg_jus	商业或其他纠纷中合法合同或财产权得到保护的比例(%)	
	用工自由	lab_fle	2004年劳动力情况:1—3 自由度由大到小③	
非正式	商业网络	biz_net	与其主要客户及供应商是否签订书面合同? 1 = "是",表示企业商业网络强度大;2 = "否",表示企业商业网络强度小。加总客户和供应商两方结果	
所有制	国有成分	s_own	公司总资本中,国家所占比重(%)	财务经理
	外资成分	f_own	公司总资本中,外商所占比重(%)	
	民营成分	p_own	公司总资本中,集体、企业和私人资本比重合计(%)	

---

① 如果某一行业的大企业数量不足,国家统计局的各地方调查中心则将剩余的样本重新分为大、中、小型企业,之后再从新的大型企业中抽取样本,直到符合该行业所包含的大企业数量要求(世界银行,2007)。

② 如果当地政府愿意为企业的生产经营提供保护,即起到更积极的作用,则表明企业政治网络越发达。

③ 劳动力的冗余程度越高,表明企业受到政府解决就业问题的管制越大,因而企业自主用工的程度越低。

(续表)

	变量		指标说明	来源
高管	自主权	tot_dis	总经理在企业生产、投资、用工三方面分别拥有的自主权程度：1—8由小到大。这里为作者计算的总体均值	总经理
多元化范围	当地化	city	2004年产品在本市销售所占比例（总体100%）	总经理
	市际	int_c	2004年产品在本省其他地区销售所占比例	
	省际	int_p	2004年产品在外省销售所占比例	
	国际	int_n	2004年产品在境外（包括港、澳、台地区）销售所占比例	

2. 控制变量

本研究采用分别考察管理自主权前因与效应的分析方法。在前因分析中，如表4.2所示，我们根据前人的研究，控制了CEO个人、企业及城市等三个层次多个变量的潜在影响。其中，个人层次包括教育程度、任期、是否由政府任命、是否兼任董事长、与中层经理的薪酬差距；企业层次包括企业年龄和企业规模；城市层次则为城市经济规模和人力资本。除企业规模由财务经理、城市经济规模由世界银行（2007）提供外，其余指标数据均来自企业总经理。

表4.2 控制变量的测量方法

层次	变量		指标说明	来源
CEO个人	教育程度	ceo_edu	总经理的最高学历：1—8由低到高	总经理
	任期	ceo_ten	总经理任现职的年数	
	政府任命	gov_app	总经理是否由政府指派：1否；2是	
	两职兼任	ceo_dua	总经理是否为董事会主席？1否；2是。未成立董事会的记为1	
	薪酬差距	sal_gap	总经理年收入大约是中层管理人员的几倍：1—5由小到大	
企业	企业年龄	firm_age	企业成立年份：2004减去企业成立年份	
	企业规模	firm_size	2002—2004年主营业务收入：三年均值的自然对数	财务经理
城市	经济规模	city_eco	企业所在城市的人均GDP	世界银行（2007）
	人力资本	emp_edu	城市"拥有大专以上学历员工比例的区级平均值"	

在效应探讨中，除前因研究中控制的CEO个人及企业层次因素外，我们还在企业层次控制了民营和外资比重的潜在影响。此外，考虑到人力资本供给的潜在影响，我们在城市层次使用城市人力资本水平替换了城市经济发展水平指

标。该指标由每家企业的人事经理提供,由世界银行(2007)根据调查数据整合到企业所属的城市层次。

四、实证分析与结果

这里依次开展三个实证研究检验假设:① 地区制度环境、混合所有制结构对管理自主权的影响;② 管理自主权对不同范围地域多元化的主效应;③ 管理自主权的中介效应。为了确保研究结论的可靠性,我们还进行了稳健性检验。

(一) 制度环境、所有制结构与管理自主权

1. 相关分析

表4.3为管理自主权与前因变量的相关分析结果。总体来看,CEO 管理自主权与政府干预程度(gov_int)负相关,而与政府支持程度(gov_sup)正相关。具体方面,企业从正规渠道融资便利程度(fin_dev)及对当地司法公正的信心程度(leg_jus)越大,则 CEO 管理自主权越大;而企业用工自由度(lab_fle)越小,则 CEO 管理自主权越小。由此初步验证了假设4-1。并且,企业商业网络(biz_net)与 CEO 管理自主权显著正相关,假设4-2得以初步验证。此外,企业所有制结构中的国有份额(s_own)与 CEO 管理自主权负相关,民营(p_own)和外资份额(f_own)则与 CEO 管理自主权正相关,假设4-3亦得到初步验证。

2. 回归分析

在表4.4的回归分析中,本研究首先控制了个体、组织与地区等不同层次变量的潜在影响。随后,我们借鉴 Crossland 和 Hambrick(2011)、张三保和张志学(2012)的方法,先在回归模型中逐一加入前因指标,最后同时加入所有前因指标。为避免共线性问题,企业的国有成分(s_own)未放入回归模型。

表 4.3 管理自主权及其前因的描述性统计与相关关系

变量	Obs	Mean	SD	1	2	3	4	5	6	7	8	9
1. gov_int	12 166	2.568	1.273	—								
2. gov_sup	11 132	3.772	0.795	-0.013**	—							
3. fin_dev	11 791	2.936	1.179	-0.091**	0.062**	—						
4. leg_jus	11 504	78.520	26.280	-0.084**	0.141**	0.119**	—					
5. lab_fle	12 301	1.964	0.525	0.025**	0.009	-0.084**	-0.048**	—				
6. biz_net	12 301	1.110	0.274	-0.019**	-0.048**	-0.054**	-0.059**	-0.029**	—			
7. s_own	12 301	13.450	31.580	0.052**	0.011	-0.093**	-0.046**	0.210**	-0.050**	—		
8. p_own	12 301	71.880	41.310	-0.018*	0.019*	-0.075**	0.024**	-0.072**	0.087**	-0.651**	—	
9. f_own	12 301	14.620	31.700	-0.029**	-0.376**	0.193**	0.016†	-0.116**	-0.036**	-0.148**	-0.654**	—
10. tot_dis	12 223	7.194	1.523	-0.044**	0.047**	0.024**	0.097**	-0.097**	0.032**	-0.153**	0.113**	0.005

注：** 表示 $p<0.01$，* 表示 $p<0.05$，† 表示 $p<0.1$。

表 4.4 制度环境与企业所有制结构对管理自主权的影响

变量	(1)	(2)	(3)	(4)	(5)	(6)	(7)	(8)	(9)	(10)
gov_int	-0.045** (0.013)									-0.038** (0.013)
gov_sup		0.076** (0.021)								0.053* (0.022)
fin_dev			0.041** (0.014)							0.010 (0.016)
leg_jus				0.006** (0.001)						0.005** (0.001)
lab_fle					-0.185** (0.032)					-0.174** (0.033)
biz_net						0.117† (0.070)				0.167* (0.077)
s_own							-0.004** (0.001)			—
p_own								0.001† (0.0004)		0.003** (0.001)
f_own									0.001† (0.001)	0.003** (0.001)
ceo_edu	-0.075** (0.018)	-0.075** (0.019)	-0.077** (0.018)	-0.071** (0.019)	-0.070** (0.018)	-0.071** (0.018)	-0.068** (0.018)	-0.072** (0.018)	-0.077** (0.018)	-0.051** (0.020)

（续表）

变量	(1)	(2)	(3)	(4)	(5)	(6)	(7)	(8)	(9)	(10)
ceo_ten	0.014**	0.013**	0.014**	0.013**	0.012**	0.014**	0.012**	0.013**	0.014**	0.008*
	(0.004)	(0.004)	(0.004)	(0.004)	(0.004)	(0.004)	(0.004)	(0.004)	(0.004)	(0.004)
gov_app	-0.455**	-0.486**	-0.441**	-0.444**	-0.442**	-0.470**	-0.371**	-0.455**	-0.463**	-0.334**
	(0.061)	(0.063)	(0.061)	(0.062)	(0.061)	(0.061)	(0.064)	(0.062)	(0.061)	(0.066)
ceo_dua	0.209**	0.211**	0.200**	0.207**	0.198**	0.200**	0.184**	0.191**	0.209**	0.200**
	(0.035)	(0.036)	(0.035)	(0.035)	(0.034)	(0.034)	(0.035)	(0.035)	(0.035)	(0.037)
sal_gap	0.024†	0.020	0.019	0.021	0.017	0.0229†	0.019	0.026†	0.018	0.009
	(0.013)	(0.014)	(0.013)	(0.014)	(0.013)	(0.013)	(0.013)	(0.013)	(0.014)	(0.014)
firm_age	-0.002	-0.002	-0.002	-0.002	-0.001	-0.002	-0.001	-0.002	-0.002	0.000
	(0.001)	(0.001)	(0.001)	(0.001)	(0.001)	(0.001)	(0.001)	(0.001)	(0.001)	(0.001)
firm_size	-0.010	-0.016	-0.018†	-0.014	-0.007	-0.008	-0.006	-0.009	-0.011	-0.016
	(0.010)	(0.010)	(0.010)	(0.010)	(0.010)	(0.010)	(0.010)	(0.010)	(0.010)	(0.011)
city_eco	-0.081**	-0.061*	-0.077**	-0.074**	-0.087**	-0.081**	-0.085**	-0.070**	-0.091**	-0.068*
	(0.026)	(0.027)	(0.026)	(0.026)	(0.026)	(0.026)	(0.026)	(0.026)	(0.027)	(0.028)
常数	8.419**	7.936**	8.276**	7.835**	8.674**	8.149**	8.315**	8.136**	8.423**	7.524**
	(0.243)	(0.265)	(0.242)	(0.250)	(0.247)	(0.257)	(0.239)	(0.258)	(0.248)	(0.319)
观测值	8 492	7 856	8 296	8 100	8 572	8 572	8 572	8 572	8 572	7 301
F	23.37**	22.83**	22.61**	28.36**	25.90**	22.33**	25.00**	22.37**	22.38**	19.37**
R^2	0.024	0.026	0.024	0.031	0.027	0.023	0.026	0.023	0.023	0.041

注：** 表示 $p < 0.01$，* 表示 $p < 0.05$，† 表示 $p < 0.1$；括号中为标准误。

表4.4对照假设4-1至假设4-3的实证结果分析如下：

第一，政府行为。模型(1)表明，企业所受的政府干预程度越大，其CEO管理自主权越小($\beta = -0.045$, $p < 0.01$)，验证了假设4-1a。模型(2)显示，企业感知或预期的政府支持促进了CEO管理自主权($\beta = 0.076$, $p < 0.01$)，验证了假设4-1b。模型(3)显示，企业向法定金融机构融资便利程度越大，则其CEO管理自主权越大($\beta = 0.041$, $p < 0.01$)，验证了假设4-1c。模型(4)显示，企业对当地司法公正程度的信心越大，其CEO管理自主权越大($\beta = 0.006$, $p < 0.01$)，证实了假设4-1d。模型(5)显示，企业用工自由度越小，其CEO管理自主权越小($\beta = -0.185$, $p < 0.01$)，证实了假设4-1e。由此，假设4-1整体得到验证。

第二，商业网络。模型(6)表明，企业的商业网络越发达，其CEO管理自主权越大($\beta = 0.117$, $p < 0.01$)，假设4-2由此得以验证。

第三，混合企业所有制结构。如模型(7)所示，企业资本结构中的国有产权比重越高，其CEO管理自主权越小($\beta = -0.004$, $p < 0.01$)，验证了假设4-3a；相反，模型(8)和模型(9)分别显示，企业资本结构中的民营($\beta = 0.001$, $p < 0.01$)或外资成分($\beta = 0.001$, $p < 0.01$)越大，其CEO管理自主权越大，验证了假设4-3b和假设4-3c。由此，假设4-3得以完整验证。

此外，模型(10)中加入所有前因指标的分析结果证明，政府行为、企业商业网络与混合所有制结构对管理自主权的影响，均与模型(1)至模型(9)中的分析结果保持一致。至此，假设4-1至假设4-3均获验证。

(二) 管理自主权与企业地域多元化

1. 相关分析

如表4.5中的相关分析结果所示，CEO管理自主权与企业当地化程度(city)显著负相关，与市际多元化程度(int_c)负相关，与省际多元化(int_p)正相关，与国际化程度(int_n)显著正相关，从而初步验证了假设4-4a、假设4-4c和假设4-4d，却与假设4-4b相反。对此，我们将在接下来的回归分析中进一步考察。

表4.5 管理自主权与地域多元化的描述性统计和相关关系

变量	观测值	均值	标准差	1	2	3	4
1. city	12 300	23.17	31.94	—			
2. int_c	12 300	20.89	25.08	-0.161**	—		
3. int_p	12 300	39.41	34.79	-0.507**	-0.274**	—	
4. int_n	12 300	16.49	31.58	-0.325**	-0.330**	-0.372**	—
5. tot_dis	12 223	7.19	1.52	-0.046**	-0.004	0.006	0.043**

注：** 表示 $p<0.01$，* 表示 $p<0.05$。

2. 回归分析

在控制个人、企业与城市三个层次的变量后，我们逐一考察了管理自主权对企业不同范围地域多元化的影响。表4.6为OLS回归分析结果。模型(12)表明，CEO自主权越大，企业在本市的发展程度越低（$\beta=-1.046, p<0.01$）。假设4-4a得以验证。模型(14)显示，CEO自主权越大，企业市际多元化程度越小（$\beta=-0.176$）。这与假设4-4b相反，却与前述相关分析结果一致。模型(16)和模型(18)说明，CEO自主权越大，企业省际多元化程度（$\beta=0.644, p<0.01$）和国际化程度（$\beta=0.575, p<0.01$）越高，假设4-4c和假设4-4d得到验证。

假设4-4b未被验证，是否意味着假设4-4的整体逻辑（CEO自主权越大，企业跨地域程度越高）存在瑕疵？为此，我们将分别采用不同来源的数据和不同内容的指标，对假设4-4的总体逻辑和假设4-4b的作用方向进行稳健性检验。

表4.6 管理自主权对企业地域多元化的影响

变量	(11)	(12)	(13)	(14)	(15)	(16)	(17)	(18)
	city		int_c		int_p		int_n	
tot_dis		-1.046**		-0.176		0.644**		0.575**
		(0.208)		(0.174)		(0.244)		(0.212)
ceo_edu	-1.125**	-1.207**	-0.444	-0.475	3.236**	3.344**	-1.674**	-1.669**
	(0.355)	(0.355)	(0.296)	(0.297)	(0.417)	(0.417)	(0.363)	(0.363)
ceo_ten	-0.244**	-0.226**	-0.037	-0.030	-0.068	-0.075	0.352**	0.334**
	(0.068)	(0.068)	(0.057)	(0.057)	(0.080)	(0.080)	(0.070)	(0.070)
gov_app	0.043	-0.277	2.363*	2.196*	-0.924	-0.500	-1.483	-1.422
	(1.227)	(1.232)	(1.024)	(1.030)	(1.439)	(1.446)	(1.255)	(1.259)

（续表）

变量	(11)	(12)	(13)	(14)	(15)	(16)	(17)	(18)
	city		int_c		int_p		int_n	
ceo_dua	-0.787	-0.602	-0.744	-0.688	-0.227	-0.359	1.777**	1.667*
	(0.669)	(0.670)	(0.558)	(0.560)	(0.784)	(0.786)	(0.684)	(0.685)
sal_gap	-1.330**	-1.345**	-0.323	-0.328	1.044**	1.029**	0.606*	0.642*
	(0.258)	(0.258)	(0.215)	(0.216)	(0.303)	(0.303)	(0.264)	(0.264)
firm_age	0.023	0.023	0.057*	0.057*	-0.029	-0.031	-0.052†	-0.050†
	(0.027)	(0.027)	(0.022)	(0.022)	(0.031)	(0.031)	(0.027)	(0.027)
firm_size	-2.705**	-2.713**	-0.326*	-0.320*	1.467**	1.491**	1.544**	1.522**
	(0.185)	(0.185)	(0.154)	(0.155)	(0.217)	(0.217)	(0.189)	(0.189)
p_own	-0.030*	-0.028*	0.010	0.010	-0.013	-0.013	0.033*	0.032*
	(0.013)	(0.013)	(0.011)	(0.011)	(0.016)	(0.016)	(0.014)	(0.014)
f_own	-0.104**	-0.102**	-0.114**	-0.114**	-0.235**	-0.236**	0.453**	0.452**
	(0.015)	(0.016)	(0.013)	(0.013)	(0.018)	(0.018)	(0.016)	(0.016)
emp_edu	33.16**	31.84**	-27.12**	-27.41**	39.30**	40.26**	-45.32**	-44.67**
	(4.508)	(4.514)	(3.761)	(3.774)	(5.285)	(5.299)	(4.610)	(4.614)
常数	58.91**	66.92**	33.13**	34.56**	2.771	-2.721	5.379†	1.449
	(2.959)	(3.340)	(2.469)	(2.792)	(3.469)	(3.921)	(3.026)	(3.414)
观测值	8 605	8 571	8 605	8 571	8 605	8 571	8 605	8 571
F	57.09**	54.56**	40.37**	36.39**	59.65**	55.13**	246.46**	224.71**
R^2	0.062	0.066	0.045	0.045	0.065	0.066	0.223	0.224

注：** 表示 $p<0.01$，* 表示 $p<0.05$，† 表示 $p<0.1$；括号中为标准误。

3. 稳健性检验

（1）应用不同来源数据检验假设的总体逻辑。我们运用世界银行与中国国家统计局 2003 年在中国 18 个大、中城市共计 2 400 家企业的调查数据进行检验。调查样本在给定城市、行业范围和规模层次后随机抽取，每个城市选择 100—150 家企业，且企业规模和所有权类型充分多样。在实证分析中，我们依然控制了 CEO 个人层次的教育程度、任期、政府任命、两职兼任、与中层经理的薪酬差距，以及企业层次的年龄、私有化程度和规模等八个方面的指标。OLS 回归结果显示，CEO 总体自主权越大，则企业地域多元化的程度越高（$\beta=0.015$，$p<0.1$）。这表明假设 4-4 提出的总体逻辑符合事实。

(2) 采用不同内容指标检验假设作用的方向。基于前述 2005 年调查数据，我们分别采用 CEO 生产、人事和投资自主权，逐一替代模型(12)、模型(14)、模型(16)和模型(18)中的总体自主权进行回归。结果显示：这三个方面的 CEO 自主权越大，则企业当地化或市际多元化程度越低，而省际多元化或国际化程度越高。这与使用总体自主权的结论一致。

(3) 初步结论与推论。既然总体假设逻辑并无瑕疵，为何实证结论却与假设 4-4b 相反？二者看似矛盾的根源，在于假设 4-4 先验性地将"当地"界定为本市。根据制度前因与管理自主权之间关系的实证结论，以及管理自主权对不同范围地域多元化的影响结果，我们可以初步判断：在控制市场容量的前提下，与更大的 CEO 管理自主权对应的是企业向省外与国外发展的现实。这意味着，对于企业而言，中国的制度差异在省内城市之间，不如省份之间明显。据此我们可以初步判断：中国地区市场分割的界限存在于省份之间。

（三）管理自主权的中介效应

管理自主权中介效应的确认，将有助于进一步强化上述推论。根据依次检验法(Baron and Kenny, 1986)，并基于管理自主权与前因及效应的实证结论，我们已经可以证实管理自主权的中介效应，从而初步验证了假设 4-5。此外，我们还运用 Sobel 检验方法(Sobel, 1982)对中介效应进行了检验。结果所示，管理自主权中介了以下四大方面的各对关系：

(1) 与当地化程度：政府支持(Sobel $\beta = -0.069$, $z = -3.042$, $p < 0.01$)，企业融资便利(Sobel $\beta = -0.024$, $z = -2.198$, $p < 0.05$)，司法公正度(Sobel $\beta = -0.005$, $z = -4.115$, $p < 0.01$)，用工自由度(Sobel $\beta = 0.210$, $z = 3.702$, $p < 0.01$)，商业网络(Sobel $\beta = -0.185$, $z = -2.973$, $p < 0.01$)，国有成分(Sobel $\beta = 0.006$, $z = 4.425$, $p < 0.01$)，民营成分(Sobel $\beta = -0.005$, $z = -5.691$, $p < 0.01$)；

(2) 民营成分与市际多元化(Sobel $\beta = -0.001$, $z = -1.841$, $p < 0.1$)；

(3) 国有成分(Sobel $\beta = -0.003$, $z = -1.656$, $p < 0.1$)和民营成分(Sobel $\beta = 0.006$, $z = 6.986$, $p < 0.01$)分别与省际多元化；

(4) 与国际化程度：企业融资便利(Sobel $\beta = 0.024$, $z = 2.199$, $p < 0.05$)，

司法公正度(Sobel β = 0.005, z = 4.027, p < 0.01),用工自由度(Sobel β = −0.143, z = −2.669, p < 0.01),商业网络(Sobel β = 0.161, z = 2.853, p < 0.01),国有成分(Sobel β = −0.004, z = −2.76, p < 0.01),民营成分(Sobel β = 0.006, z = 6.986, p < 0.01)。

由此,假设4-5、上述推论与分析框架均告成立。

五、结论、启示与不足

(一)研究结论与推论

1. 本研究研究结论

本研究在企业层次实证考察了管理自主权的制度与所有制前因及其作用机制。研究发现:第一,政府行为具有两面性。企业所在地区的政府干预制约了CEO自主权,而政府支持扩大了CEO自主权。具体表现为,企业从正规渠道融资便利程度越大、对司法公正的信心越大,则CEO自主权越大;企业的用工自由度越小,则CEO自主权越小。第二,企业的商业网络有助于提升CEO的自主权。第三,企业的国有成分约束了CEO自主权,而民营和外资成分促进了CEO自主权。第四,CEO管理自主权越大,则企业地域多元化程度越高,即CEO自主权越大,企业当地化和市际多元化程度越低,省际多元化及国际化程度越高。第五,管理自主权中介了制度、所有制前因与地域多元化之间的关系。

2. 基于结论的推论

需要指出的是,本研究采用的世界银行问卷调查数据,样本选取已较为恰当地考虑了企业的地区和行业分布,且实证分析过程中控制了地区发展水平即市场容量的内生影响。在此前提下我们发现,CEO管理自主权受到多重力量的共同作用:既有政府干预和国有成分的挤出效应,又有政府支持、社会网络乃至民营和外资成分的溢出效应,并由此决定了企业的地域多元化战略。其中,正是不同地区之间的制度环境差异,决定了企业地域多元化的范围差异。反之,企业试图通过省际而非市际多元化来摆脱当地束缚、降低经营风险,恰恰反映了中国地区市场分割的空间界限存在于省际而非省内市际。

(二) 企业、企业家与公共政策启示

1. 企业战略选择与制度企业家成长

在制定企业战略的过程中,高层管理者应综合考虑外部制度环境与企业所处生命周期阶段。在初创阶段,企业可以寻求地方政府保护、避免过热竞争,以把握后发优势、寻找立足之地。在成长阶段,企业应避免过于依赖地方保护而丧失竞争能力,着力培育值得信赖的商业伙伴,编织牢靠的商业网络;进入成熟阶段,则可考虑在不同地理区域投资以降低投资组合风险(Zucchi,2010),比如进入制度发展相对完善的省份开拓业务,甚至进入国际市场整合资源。当然,这并不意味着企业高管就应甘于"在商言商"、无所作为。事实上,制度企业家完全可以运用其掌握的管理自主权,实现企业战略与内部资源、外部制度的最佳匹配,推动企业乃至整体经济发展,进而倒逼宏观制度变革。

2. 政府职能转变

如本研究的研究结论,尽管转型条件下中国地方政府十分强势,但其对企业的影响并非完全消极。尽管地方政府之间的竞争确实引发了地方债等重大风险,但这种竞争确实为企业发展提供了一定的空间。当然,政府职能尚需重新界定,以提供更多诸如制度、规则和政策之类的无形公共产品。结合本研究假设,我们认为政府可在以下几方面发挥更积极的作用:其一,重组国有银行,推进银行商业化和利率市场化,深化资本市场改革,健全法律和监管体制,提高长期风险资本对于新设民营企业的可及性。其二,加快户籍制度改革,调整企业工资政策,确保现有劳动者在全国范围内有序、自由流动;在高素质人力资本储备上,建设一批与产业紧密联系的世界一流研究型大学,着力提高大学毕业生技能和认知能力;在人口红利保持上,加紧改革现有的计划生育制度,放开二胎(世界银行和国务院发展研究中心联合课题组,2012)。其三,从意识形态、法律机制、社会习俗乃至宗教信仰诸方面,克服社会信任危机(李银河,2012)。

3. 混合所有制发展

本研究显示,企业混合所有制结构中的不同成分对 CEO 管理自主权具有不同影响。改革开放初期,中国国有企业改革的序幕,正是通过释放企业自主权开

启的(袁宝华,2009)。新形势下,《中共中央关于全面深化改革若干重大问题的决定》指出,应允许更多国有经济和其他所有制经济发展成为混合所有制经济,允许非国有资本参股国有资本投资项目。具体操作方法可包括:一方面,深化国有企业改革,引入现代公司治理机制,在必要情况下实施所有制结构多元化;另一方面,减少民营部门进入和退出障碍,加强包括战略性和支柱性产业在内的所有部门的竞争(世界银行和国务院发展研究中心联合课题组,2012)。

4. 国内统一市场建设

研究证实,中国地区市场分割存在于省际。中央政府可采取三方面措施打破省际壁垒:其一,继续发挥宏观调控功能,优化配置各省资源,缩小省际发展差距;其二,扩大省份发展自主权,比如适时推广地方政府自主发债试点(许超声,2014),实现省份公平竞争;其三,酝酿重新细分省级行政区划,削弱地方政府的强势地位。正如孙志燕(2013)所指出的,中央和地方政府权责配置的优化,应遵循的总体方向是:决策权和监督权向中央或更高层级的地方政府集中,执行权和管理权则应适度下放到低层级的地方政府;此外,对于那些溢出边界模糊、难以明确界定的职责,应尽量归属于中央政府或高层级地方政府;县及县以下地方政府则应逐步退出非公共服务领域,从长期而言实现彻底退出经济发展领域。

(三)研究不足与未来方向

首先,本研究实证分析中的主要指标均来源于企业负责人,可能存在一定程度的同源误差问题(张志学、秦昕和张三保,2013)。我们采取了三种方案来降低这一问题的严重性:① 本研究使用的大样本调查数据中,制度环境来自企业感知,更为准确地反映了客观现实。比如,调查询问企业总经理在遇到必要监管时与政府官员打交道的时间,而不是问官僚主义在多大程度上阻碍了企业的发展(杜大伟等,2003)。② 选取了部分来自财务、人事乃至世界银行等不同主体的测量指标。③ 采用了不同数据来源与测量指标进行稳健性检验并通过了验证。

其次,本研究采用企业间合作方式测量中国情境下的企业商业网络,未来研究可深入挖掘华人社会的信任机制,开发社会信任的其他测量方法,并考察其对企业创新、高管薪酬等战略选择或治理模式的影响,从而进一步弥合管理自主权在管理学(行为自由度)与经济学(目标自由度)之间的分歧,促进学科融合。

最后,本研究分别探讨了制度环境和所有制结构的影响,并发现了政府干预和国有资本的挤出效应,以及政府支持、商业网络以及民营和外资成分的溢出效应。未来研究可在此基础上进一步实证比较:① 正式制度内部,政府干预的挤出效应与政府支持的溢出效应;② 制度环境内部,正式制度与非正式制度的相互替代效应(Holmes et al.,2013);③ 制度基础观与资源基础观的解释强度。

第五章 城市制度环境、CEO管理自主权与企业创新投入

一、问题提出

理论研究与各国实践充分表明,创新是推动长期经济发展的根本动力,基于创新的竞争是现代市场经济的实质。十八大明确提出实施创新驱动发展战略,"十三五"期间,是中国经济发展模式实现从要素驱动向创新驱动转型的关键阶段。转型的成败,决定着我们能否突破自身发展瓶颈、应对内外部环境挑战、跨越中等收入陷阱、塑造新的竞争优势。庄子银(2007)指出,一国必须持续创新其政治、经济和文化制度,降低非生产性寻租活动的报酬,从而诱致企业家活动不断配置到创新行动中,不断提高生产性创新活动的报酬。

要从顶层设计上实现政治、经济与文化制度的创新,就必须首先明确:第一,哪些具体方面的制度制约了企业创新?第二,制度环境作用于企业创新的机制是什么?为了回答这两个问题,我们首先结合制度基础观、产业基础观与资源基础观以及中国情境,系统回顾了影响中国企业研发投入的因素,包括正式与非正式制度环境、行业特征、企业资源以及战略领导。随后,我们分别从地区制度环境与CEO管理自主权、CEO管理自主权与企业研发投入之间的关系提出了假设,并运用世界银行的大样本数据,在控制城市、企业与CEO三个层面要素潜在影响的基础上,对假设进行了实证检验。

本研究的贡献在于三个方面:第一,从多个层面,系统归纳了中国情境下影响企业研发投入的多方面普遍或特殊要素;第二,明确了地区制度环境通过CEO管理自主权影响企业创新投入的作用机制,实现了宏观与微观的连接,进一步确

立了"制度环境—管理自主权—组织行为"的分析框架,从而推动了制度理论与高阶梯队理论的发展;第三,明晰了管理自主权的本质,即兼有行为自由度和目标自由度的特征,促进了管理学与经济学的学科融合。

二、文献回顾与假设提出

(一) 理论回顾

企业竞争战略理论经历了从产业基础观、资源基础观到制度基础观的发展历程。下面概要介绍三种战略观点,并对其进行评述,进而强调制度重要性。

1. 产业基础观

以 Porter (1980) 为代表的产业基础观(Industry-based View)认为,企业绩效取决于产业特性。由竞争对手、潜在进入者、供应商、买方、替代品构成的五力模型,成为产业基础观的分析工具。在厘清影响产业竞争的上述五种力量之后,Porter (1985) 提出了成本领先、差异化和集中化三类一般企业战略。

2. 资源基础观

然而,一些在五力模型看来并不具有吸引力的产业,为什么企业进入后依然获得了成功?并且,即使在同一行业中,为什么一些企业总比其他企业绩效更好?围绕这些问题,以 Barney (1991) 为代表的资源基础观(Resource-based View)将企业特定的资源与能力作为成功企业的绩效根源,即:如果一个企业拥有其他企业所不具备的资源和能力,并且这些特定的资源和能力具有很高的价值,而其他企业无法或难以模仿,那么拥有这些有形和无形资产的企业将获得持续的竞争优势。除继续遵循一般假定,如企业是追求利润最大化的主体、管理人员的有限理性外,资源基础观针对企业控制的资源和能力特别提出了两个基本假设,即企业资源的异质性与非流动性(Barney et al. ,2010)。

3. 制度基础观

在此基础上,承继 North (1990) 在制度领域的开拓性研究,Peng (2002) 进一步指出,企业的战略选择不仅受传统产业战略观的框架与企业能力所驱动,亦能反映正式与非正式制度的约束。为此他提出制度基础观(Institution-based View),以探究制度环境与企业之间的交互作用,以及这种交互作用对企业战略选择的影响。彭维刚(2007)指出,制度基础观有两个核心假设:第一,管理者和企业在制度约束下理性地追求他们的利益,并作出战略选择;第二,当正式制度与非正式制度共同支配企业的行为时,在正式制度约束失效的情况下,非正式制度约束在降低不确定性及坚定管理者与企业的信心方面,发挥了更重要的作用。

区别于传统的产业基础观和资源基础观分别仅对产业环境或企业资源与能力等要素的关注,制度基础观及其相关研究系统证明了制度环境对于企业战略选择与结果的重要作用。然而,制度基础观的不足之处在于,它忽视了企业家或高层管理者在连接二者之间关系中的重要作用。为此,本研究以CEO管理自主权为中介变量,分别就制度环境与管理自主权、管理自主权与企业研发投入之间的关系提出相应假设并进行实证检验。此外,我们还考察了管理自主权的时间效应与中介效应。本章考察制度环境对管理自主权的影响。

(二)中国情境下影响研发投入的制度与资源要素

已有研究多直接探讨了制度环境因素、产业或企业特征以及战略领导分别对企业研发投入战略的影响。下面分别从制度(包括正式与非正式制度)和资源两个方面,探索中国情境下影响企业研发投入的制度与资源动因。

1. 影响企业研发投入的正式制度环境

(1)市场化。鲁桐、党印(2014)分析发现,良好的市场化环境是企业技术创新的外部推动力量。王立清、杨宝臣和高常水(2011)以2004—2007年中国A股上市公司的研发投入数据为样本,研究表明:市场化指数、法制环境指数、融资环境指数和产品市场环境指数与公司研发投入水平显著正相关。纪晓丽(2011)实证表明:企业研发强度与地区市场化进程正相关,这种正相关关系在中央企业最高;对于地方国有企业而言,这种推动作用容易为地方政府的干预所削弱。张杰、周晓艳和李勇(2011)指出,要素市场的市场化进程能有效促进中国企业的研发活动;地区要素市场扭曲程度越深,要素市场扭曲对中国企业研发投入的抑制效应就越大;在要素市场扭曲程度高的省份地区中,越是规模大、利润高、有出口、市场势力大、资本密集度高、获得政府财政补贴的企业,越不倾向于进行研发投入。张杰、刘志彪和郑江淮(2007)发现,出口因素对中国企业创新强度的影响呈现出一种倒 U 形非线性关系;高技术产业中的企业更倾向于实施自主创新,而成熟的传统行业中的企业更倾向于技术引进或模仿;经济发展积淀较深、开放程度较高的地区中,企业有着更强的自主创新动机和技术发展能力,且这种地区差异在同一地区内部的经济发展不同区域表现得依然明显。陈仲常和余翔(2007)运用中国大中型工业企业产业层次面板数据的研究表明,前期新产品市场需求与企业研发投入显著正相关;行业竞争程度与企业研发投入负相关;在资金投入方面,金融机构贷款强度指标和政府资金强度指标与研发投入强度指标之间显著正相关;在人力资源投入方面,金融机构贷款强度指标和依存率指标与研发人力资源投入两个指标之间均显著负相关。钱晓烨、迟巍和黎波(2010)也发现,从业人员接受高等教育的比例与省域技术创新活动显著正相关。

(2)政府作用。主要包括政府支持、政府干预与知识产权保护三个方面。总体而言,廖开容和陈爽英(2011)以 2006 年全国民营企业调查数据为样本的研究发现,知识产权保护、政府服务对民营企业的研发投入有显著促进作用,民营经济竞争程度、政府管制对民营企业研发投入则产生显著消极影响。

政府补助方面,柳剑平、郑绪涛和喻美辞(2005)认为,政府有必要利用税收和补贴措施间接引导企业投资社会最优水平的研发活动。政府在溢出程度较高时应补贴企业产出与研发投入,在溢出程度较低时则应补贴企业产出并对研发投入征税。王俊(2011)基于 1998—2006 年中国制造业的面板数据,指出政府应根据行业与企业特征调整研发资助的方式和对象,重点资助规模较小、发展前景较好的高科技企业。顾元媛和沈坤荣(2012)实证表明,传统以 GDP 为考核标准的晋升竞争,以及地方政府财权与事权的不匹配,显著降低了政府对企业的研发补贴,进而影响企业的研发投入;政府干涉越少、寻租空间越小,企业研发投入强度会越高。廖信林、顾炜宇和王立勇(2013)研究发现,中国政府对企业研发的资助对企业自身研发投入存在杠杆效应,且这一杠杆效应随着工业化阶段的发展而不断增强;金融约束和资金可得性也是影响企业研发投入的重要因素。朱斌和李路路(2014)通过分析第九次全国民营企业抽样调查数据发现,政府研

第五章 城市制度环境、CEO管理自主权与企业创新投入

补助政策对中国民营企业研发投入具有激励效应,但这一效应受到企业决策者、企业资源禀赋结构以及企业环境等企业系统相关属性的影响。吴祖光和万迪昉(2013)指出,政府资助研发活动是降低外部性和研发成本的重要方式之一,对私人研发投入具有激励效应或挤出效应。

知识产权保护方面,李蕊和沈坤荣(2014)研究表明,现阶段中国知识产权保护水平尚未对中国企业研发投入产生正效应。尹志锋、叶静怡、黄阳华和秦雪征(2013)基于世界银行企业数据研究发现,名义和实际知识产权保护水平的提高,均显著正向影响了企业研发投入,且实际知识产权保护水平的影响大于名义,但二者的提高均不能通过吸引更多外资来间接促进东道国企业创新。张杰和芦哲(2012)利用1999—2007年中国工业企业统计数据的研究发现,中国知识产权保护水平与企业研发投入之间呈现倒U形关系;面对不断提高的知识产权保护水平,国有企业倾向于增加研发收入,而民营企业则倾向于减少研发投入。

(3)金融发展。卢馨、郑阳飞和李建明(2013)选取2007—2009年在沪深交易所上市并披露研发费用的高新技术企业作为样本,研究表明:中国高新技术上市公司存在一定程度的融资约束,从而限制了研发投资,其研发资金主要来源于内部现金流和股票融资。张杰等(2012)利用大样本微观企业数据研究发现:融资约束显著抑制了民营企业研发投入;自身现金流、注册资本及商业信用增加了企业研发投入,而银行贷款则减少了企业研发投入;国有企业研发投入依靠现金流、注册资本以及银行贷款,而民营企业则依赖现金流、注册资本和商业信用。康志勇(2013)利用2001—2007年中国制造业企业微观数据的研究发现,融资约束对中国本土企业研发活动存在抑制效应,政府支持对企业研发具有激励效应并在一定程度上可以缓解融资约束对企业研发的抑制效应。邵敏(2012)运用世界银行对中国制造业企业抽样调查数据的研究表明,贷款约束会显著降低企业研发概率,但信贷融资在企业实施研发后不会影响研发投入力度。解维敏、方红星(2011)以中国上市公司2002—2006年数据为样本的实证发现,银行业市场化改革的推进、地区金融发展积极地推动了中国上市公司的研发投入。并且,私有产权控制促进了金融发展水平对企业研发投入的正向影响,而企业规模和政府干预则弱化了这一影响。冉光和、张冰和庞新军(2013)运用中国省级面板数据实证显示,金融发展和外商直接投资均对中国内资企业研发投入具有显著的

正向效应。江雅雯、黄燕和徐雯(2011)使用世界银行在中国开展的投资环境调查数据研究也发现,良好的法律保护制度、高效的金融体系能促进企业的研发活动。

(4)中介组织。曹琪格、任国良和骆雅丽(2014)利用中国省域制度环境面板数据实证发现,律师和会计师等市场中介组织服务条件、行业协会对企业的帮助程度均显著正向影响了企业研发投资,而对生产者合法权益的保护却没有促进企业技术创新的投入;此外,金融业的市场化、技术成果的市场化程度发挥了明显的促进作用,而引进外资的程度、劳动力流动性则没有发挥明显的促进作用。此外,林承亮和许为民(2013)发现,公共研究机构有利于增进知识吸收能力强的企业的研发投入,而挤出知识吸收能力弱的企业的研发投入,有利于激励联盟内企业而遏制联盟外企业的研究活动。

2. 影响企业研发投入的非正式制度环境

陈爽英等(2010)基于第七次全国民营企业抽样调查所涉及的18个行业673家企业的研究发现,民营企业家的银行与协会关系资本均对其研发投资倾向有正向促进作用,且协会关系资本能显著促进研发投资强度;而政治关系资本则对研发投资倾向和强度起显著的消极作用。王霄和胡军(2005)认为,中小企业认知性社会资本既直接地影响了企业的技术创新水平,又通过影响企业的结构化社会资本间接地影响了企业的技术创新水平。林洲钰和林汉川(2012)研究发现,省份社会资本促进了企业的技术创新水平,且这种促进作用在内资股权比例越高的企业越明显;此外,社会资本具备替代法律保护发挥作用的功能。唐清泉、高亮和李懿东(2011)研究表明,企业政治关系对企业研发投入的促进作用,在非国有控股企业以及市场化进程较快地区的企业更加显著。张杰等(2012)发现,获得政府补贴的民营企业通过与政府建立联系,有助于获得银行贷款并作为研发投入来源。江雅雯、黄燕和徐雯(2011)发现,企业主动建立的政治关联能够促进企业的创新活动,而企业被动形成的政治关联则阻碍了企业的创新活动。

3. 影响研发投入的行业特征

从行业生命周期的视角,梅波(2013)实证研究发现,越是成长期行业,代理冲突越小,研发费用投入越大;越是成熟期和衰退期行业,代理冲突越大,研发费用投入越小,且国有产权缓解了衰退期行业与研发费用投入的负效应。安同良、施浩和 Alcorta(2006)基于 2000—2002 年间江苏省制造业企业问卷调查数据的分析表明,行业特征是影响企业研发支出强度(研发支出/销售额)的重要因素。苏文兵、徐东辉和梁迎弟(2011)发现,垄断行业的研发投入强度显著更低。

4. 影响研发投入的企业要素

(1)企业规模。江雅雯、黄燕和徐雯(2011)研究发现,企业规模能促进企业的研发活动。Jefferson 等(2004)以中国 1997—1999 年间 5 451 家大中型制造业企业为样本的研究表明,企业规模、市场集中度与盈利能力决定了中国公司内部科技研发强度的因素。高良谋和李宇(2009)研究发现,组织规模是大企业锁定现有技术轨道、实现定向性技术创新的主要因素;竞争性市场是小企业突破现有技术范式、实现非定向性技术创新的主要动因;倒 U 形关系的形成是组织变量与市场力量对不同规模企业技术创新选择性作用的结果。张杰、刘志彪和郑江淮(2007)以江苏省 342 家制造业企业为样本的研究表明,在控制行业属性与地理区位、地区人力资本、企业品牌、企业家背景等相关因素的前提下,企业规模与创新投入强度之间呈现较明显的倒 U 形关系;并且,集聚效应在现阶段对企业的创新活动产生了一定的负面影响。安同良、施浩和 Alcorta(2006)发现,小型、中型和大型企业的研发强度呈倾斜的 V 形结构。苏文兵、徐东辉和梁迎弟(2011)发现,企业规模与研发强度之间总体上呈 U 形关系,这种 U 形关系在国有性质的企业中首先削弱,但变动幅度随企业规模的扩大而缩小。周黎安和罗凯(2005)运用 1985—1997 年中国省级面板数据的研究发现,非国有企业的企业规模对创新有显著促进作用;但单纯的规模化和集团化并不必然保证企业的创新能力,企业规模与创新之间的关系要以企业治理结构为前提。朱恒鹏(2006)使用国内 10 个省市 822 家民营企业 2005 年调查数据的研究指出,民营企业规模与研发支出强度之间呈倒 U 形关系,小型企业更倾向于选择自主创新方式;民营企业的市场力量有助于提高企业创新强度并增加自主创新比例;企业的创新方式受其所采用的主要竞争手段及所属行业特征的影响;民营企业的创新活动存在明显的地区差异。

(2)公司治理中的股权激励。庄子银(2007)指出,相对报酬结构决定了企业家活动配置,并进而决定了企业技术创新水平,为研发投入水平的决定提供了微观基础。李春涛和宋敏(2010)发现,对 CEO 的薪酬激励能促进企业创新,但是国有产权降低了激励对创新的促进作用。陈效东和周嘉南(2014)以 2006—2011 年沪深 A 股实施高管股权激励计划公司为样本的研究发现,高管股权激励显著提高了公司的研发支出水平;并且,激励型股权激励分别加强了公司富余资源水平和既有业绩对研发支出的影响,而福利型股权激励不具有这种作用。巩娜(2013)使用 2007—2011 年家族上市公司数据的实证表明,股权激励能够促进家族企业管理层提高研发投入;并且,这种促进作用在高科技行业更加明显,在市场化程度居中的地区才会显著产生。鲁桐和党印(2014)以 2006—2010 年 1 344 家沪深 A、B 股公司为样本的研究发现,劳动密集型、资本密集型和技术密集型三个行业中,第二至第十大股东持股比例,基金持股比例,以及董事、监事和高级管理人员持股比例均正向影响研发投入;在资本密集型和技术密集型行业中,董事、监事和高级管理人员的薪酬激励均有利于创新活动的开展;但国有第一大股东持股比例仅在资本密集型行业中与研发投入正相关;而核心技术人员的期权激励在技术密集型行业中显著正向影响企业创新。舒谦和陈治亚(2014)发现,机构投资者持股比例和高管持股比例,均显著正向影响研发投入。又如,唐跃军和左晶晶(2014)指出,尽管终极控股股东两权分立在一定程度上损害了企业创新,但大股东制衡在民营企业有助于提升研发投入水平,而在国有企业则显著降低了研发投入水平。苏文兵、徐东辉和梁迎弟(2011)发现,研发强度还与总经理持股比例、资产负债率以及是否为高科技行业等显著正相关,与股权集中度、经理变更、资产收益率、年份的关系不明显。梅波(2013)发现,企业控制权和现金流权分离度越小、股权制衡度越强、管理层持股比例越高,研发支出越高。

(3)所有制结构。总体上,安同良、施浩和 Alcorta(2006)发现,外企研发强度最高,国有和集体所有制企业研发强度最低,股份和有限责任公司以及港澳台公司的研发强度介于两者之间。张杰、周晓艳和李勇(2011)使用 2001—2007 年间工业企业作为样本的研究发现,民营、国有、外商投资、港澳台企业进行研发投入的动力依次减弱。

国有与民营企业比较方面,李春涛和宋敏(2010)利用世界银行在中国 18 个城市 1 483 家制造业企业的调查数据研究发现,无论从投入还是产出看,国有企业都更具创新性。苏文兵、徐东辉和梁迎弟(2011)研究发现,国有性质的企业研发投入强度明显更高。唐跃军和左晶晶(2014)运用中国上市公司数据研究发现,民营上市公司更愿意进行持续高水平的研发投入,而国有上市公司创新投资较低。江雅雯、黄燕和徐雯(2011)亦发现,国有产权阻碍了企业创新。此外,温军和冯根福(2012)基于2004—2009年923家上市公司数据的研究表明:证券投资基金对企业创新有显著负效应,且这种负效应在国有企业中表现得更为明显;机构投资者持股促进了民营企业的创新,而抑制了国有企业的创新;机构投资者整体持股显著负向影响了全样本企业的研发投入。

外商直接投资方面,范承泽、胡一帆和郑红亮(2008)基于世界银行1998—2000年对中国5个城市998家制造业企业调查数据的研究显示,公司所有权结构中的外资存量越大,其研发投入越少;外资存量越高,行业层面的FDI对其研发投入决策的影响越大;并且,公司科技研发投资与企业规模正相关,与公司年龄负相关。王红领、李稻葵和冯俊新(2006)指出,引进外资会促进民族企业的自主创新,增加行业投资并不显著影响研发投入。王华、赖明勇和柴江艺(2010)基于中国1548家企业的研究发现,外商直接投资未被发现会促进企业技术创新;外资比重较高的企业自主创新能力匮乏,而内资企业尤其是民营企业是中国转型时期的技术创新主体。李平、崔喜君和刘建(2007)运用1985—2004年的公开数据研究也表明,中国国内自主研发投入是提升国家自主创新能力的关键,但国外研发的贡献也不容忽视。

(4)组织架构。戴小勇和成力为(2012)基于2005—2007年中国30万家工业企业的研究发现,集团化经营显著提高了企业尤其是高科技企业、私营企业的研发投入总量与研发投入强度。黄俊和陈信元(2011)利用中国工业企业数据研究发现,集团化经营促进了企业研发;并且,在产权保护越弱的地区,集团化经营对企业研发投资的提升作用越明显。此外,戴魁早(2012)利用1995—2010年中国高技术产业细分行业面板数据的实证显示,垂直专业化正向促进了中国高技术产业的研发资本投入和研发人力投入,且这种促进作用在入世后、垄断程度较低、技术密集度较高和外向度较高的行业中更大。

(5)企业生命周期。方芳和翟华云(2013)以2008—2011年间战略性新兴产业上市公司为样本的研究发现,在成长阶段,公司会加大研发投入水平;在成熟阶段,CEO两职合一以及CEO报酬权会降低研发投入水平;在企业整个生命周期中,CEO在营运资金方面的自主权越大,企业研发投入水平就越高。

5. 影响企业研发投入的高管与高管团队

(1)高管。从人口统计特征来看,康艳玲、黄国良和陈克兢(2011)以2003—2006年沪深两市高技术产业年报中披露研发费用公司为样本的研究表明,高管年龄与研发投入显著负相关;高管学历、CEO任期与研发投入显著正相关;高管规模、高管性别与研发投入之间的关系不显著。江雅雯、黄燕和徐雯(2011)发现,不是政府直接任命的CEO更能促进企业研发投入。邵敏(2012)指出,CEO高学历及其收入直接与企业绩效挂钩时,可以缓解但无法完全消除信贷融资状态对企业研发概率的负面影响;企业人力资本有利于提高企业的研发概率。刘运国和刘雯(2007)基于2001—2004年披露了研发支出的454家上市公司的研究显示,研发支出与高管任期和持股显著正相关,与高管离任显著负相关。安同良(2003)认为,在影响企业技术选择的各种要素中,企业抱负占据着重要地位。也就是说,一个企业能否进行原始创新以实现技术领先,与企业家的技术战略抱负及领导素质紧密相关(安同良、周绍东和皮建才,2009)。Nakahara(1997)发现,高管的强有力支持是企业进行研发投资的重要影响因素。Elenkov、Judge和Wright(2005)使用来自三种不同社会文化下六个国家的调查数据研究证实,战略领导与企业创新呈显著正相关关系。

从高管预期与外部对高管的压力来看,谢震和艾春荣(2014)利用中国创业板公司数据的研究表明,分析师关注给经理层带来了过大的压力,导致经理层为了提高短期业绩而减少研发投入;当然,分析师关注也可能减少信息不对称,从而对公司研发投入产生正面影响;此外,控股股东和增加经理层持股水平有助于减少经理层的短期行为。此外,甄丽明(2013)研究发现,管理层对IPO超募资金的预期影响了企业的研发投入强度:当企业超募超过预期规模时,研发投入强度会增强;当企业超募低于预期规模时,超募严重程度与研发投入之间存在U形关系。并且,政府补贴力度强化了超募程度与企业研发投入之间的敏感度。

(2)高管团队。朱焱和张孟昌(2013)利用2009—2011年200家制造业上市公司面板数据的实证显示,管理团队传记性人力资本与非传记性人力资本对企业研发投入存在显著影响,影响性质也不同。具体而言,郭葆春和张丹(2013)以2009—2012年中国创业板中小创新型企业为样本的研究发现,高管团队的平均年龄、离职组高管持股与研发投入强度负相关;高管团队的平均受教育水平、平均任期和职业经验以及非离职组高管持股与研发投入强度正相关。并且,陈闯和刘天宇(2012)运用中小板上市企业数据的实证表明,创始经理人在高管团队中的比例及其兼任CEO,会抑制企业研发投入;高管团队股份均匀度则会稀释创始经理人对企业研发投入的影响。此外,罗正英、汤玲玲和常嫦(2013)以2008年公布研发数据中在中国深沪交易所发行A股上市公司为样本的研究发现:高管团队平均年龄对企业研发投入没有影响,其平均在位时间与企业研发投入呈显著负相关,团队成员中技术性背景成员的比重与企业研发投入呈正相关;引入激励机制后高管团队人力资本的激励能促进企业增强研发投入强度。

(三) 地区制度环境与CEO管理自主权假设

总体而言,一国产品与要素市场的一体化,有助于降低地区贸易成本,促进国家整体经济的持续发展,提高国际竞争力(蔡洪滨,2011)[①]。从这个角度出发,我们认为:更良性的制度(包括正式和非正式制度)供给,将为CEO提供更大的管理自主权。因此,我们从地区(包括城市和省份)两个层次,就正式和非正式制度的多个指标与CEO管理自主权之间的关系,提出了详细假设。

1. 信任与管理自主权

作为文化对经济的影响途径和表现形式,社会成员之间的信任会直接影响一个社会经济实体的规模、组织方式、交易范围和交易形式,以及社会中非直接生产性寻利活动的规模和强度(福山,1998)。张维迎和柯荣住(2002)通过中国跨省信任调查数据,揭示了信任对一个地区的企业规模、企业发展速度、引进外资等经济绩效的影响。据此我们推断:一个地区企业间的相互信任水平较高时,当地企业的组织方式或交易形式将更加灵活便捷,从而为CEO从事经营管理活动带来更大的自主权。为此我们提出假设5-1。

---

① 参见金辉:"蔡洪滨:扩大内需还须统一国内市场",《经济参考报》,2011年10月17日。

假设 5-1：企业与主要合作伙伴之间的信任水平越高，则其 CEO 管理自主权越大。

2. 政府、法制与管理自主权

樊纲、王小鲁和朱恒鹏（2010）指出，在中国的一些地方，由于政府机关办事效率低、规章制度和手续繁杂、政策和操作不透明，甚至某些政府工作人员滥用职权向企业和居民寻租乃至敲诈，企业主要管理人员经常要花费大量时间、精力和财力与政府部门及其人员打交道。这样，企业的管理与市场活动就受到制约，CEO 的行为自由度也受到极大的限制。

自改革开放以来，出于政治收益的考量，政府官员通常倾向于将地方贸易保护作为地区发展战略和产业政策的一部分（周黎安，2004）。这些地方保护政策通常包括：对外地产品禁止入境，实行许可证管理，额外收费，实行不同的技术检验、质量检验和环保标准等（樊纲、王小鲁、朱恒鹏，2010）。这种贸易壁垒在一定时间和空间范围内保护了当地企业的发展，从而增加了 CEO 的管理自主权。因此我们提出假设 5-2。

假设 5-2：企业所在城市的政府干预企业程度越高，则 CEO 管理自主权越小（2a）；相反，企业所在城市的贸易保护程度越高，则其 CEO 管理自主权越大（2b）。

樊纲、王小鲁和朱恒鹏（2010）认为，一个地区市场中生产者与消费者的合法权益受到有效保护，是市场正常运行的必要条件；保护知识产权是维护市场秩序、保障技术进步和创新的重要条件；并且，作为司法机构的有机补充，市场中介组织的发育也是市场完善程度的重要指标。企业在市场中可能兼具生产者与消费者双重角色。若企业正当权益可受司法机构或市场中介组织的保护，或曰其对司法公正程度的信心越大，则企业经营的不确定性越低，企业 CEO 所受制约也越小。据此我们提出假设 5-3。

假设 5-3：企业所在城市的司法公正程度越高，则其 CEO 管理自主权越大。

3. 要素市场与管理自主权

当前中国几家大型国有独资和国有控股银行占有了金融市场的过高份额。这些银行分支机构的借款决策往往受到来自地方权威的影响（Ayyagari, Demirgüç-Kunt and Maksimovic, 2007）。这就难免导致信贷资金的分配存在省际差异（Wang and Huyghebaert, 2009）。而地区的金融发展水平决定了当地企业的融资能力,从而影响了 CEO 在企业投资决策上的自由度。据此我们提出假设 5-4。

假设 5-4:企业所在城市的金融发展水平越高,则其 CEO 管理自主权越大。

人力资本理论认为,企业管理者所具备的企业家精神,已成为继土地、资本之后最重要的生产要素(Schultz,1961;Becker,1975)。如今,企业间竞争已由产业技术含量和管理水平的竞争演变为争夺人才的竞争。异质性人力资源已成为企业利用国内和国际两个市场进行资源优化配置、通过不断创新实现永续发展的首要资源。然而,多年来高素质人才"孔雀东南飞"的趋向,导致中国各地区间人才聚集的不均衡。因此,地区人力资源尤其是高层次人才的供给水平,决定了当地的劳动力灵活性,进而影响到当地企业 CEO 在人事决策乃至研发创新等经营活动中的自主权。据此我们提出假设 5-5。

假设 5-5:企业所在城市的劳动力灵活性越大,则其 CEO 管理自主权越大。

4. 所有制结构与管理自主权

中国改革之前实行的计划经济体制中,国有经济在非农业经济部门中占据绝对统治地位。改革开放以来,尽管迅速发展的非国有经济部门为中国的经济增长和市场化作出了主要贡献,但这种市场导向的非国有经济在中国各地区之间的发展水平还很不均衡。Jensen 和 Meckling(1976)指出,企业所有权的集中化,会导致 CEO 无论在行动还是目标的自由度上都更有可能大大受限。同理,作为单个企业资本结构的汇总,地区层次企业所有权的集中化程度,亦会影响当地企业 CEO 的自由度。于是,我们提出假设 5-6。

假设 5-6:企业所在城市的民营经济发展水平越高,则其 CEO 管理自主权越大。

竺彩华(2009)认为,对外开放以来持续扩大的外商直接投资规模,既对中国的经济增长贡献巨大,又对中国的经济发展构成潜在威胁。许冰(2010)指出,外资挤入效应的潜在威胁其实有助于激发中国的国内资本。可见,外商投资所带来的管理与技术水平乃至挤入效应,能够帮助中国本土企业树立标杆,并驱动其完善管理制度、提高技术水平。因而,较高的外商投资水平代表了较为规范的管理与技术水平,反映了一个地区较完善的市场环境,从而为 CEO 提供更大的决策自由度。于是,我们提出假设 5-7。

假设 5-7：企业所在城市的外商投资水平越高，则其 CEO 管理自主权越大。

（四）管理自主权与企业研发投入的假设

从 CEO 管理自主权与企业研发投入的关系来看，Sahaym 和 Steensma（2007）指出，CEO 管理自主权越大，企业就越可能加大创新投入。彭倩（2007）也证实，CEO 管理自主权与研发投入正相关。张长征和胡利利（2011）以陕西省典型技术型企业为样本的研究显示，CEO 管理自主权越大，则企业越倾向于启动技术创新而非购买技术创新成果。苏文兵、徐东辉和梁迎弟（2011）以 2004—2005 年沪深两市 A 股 160 家制造业公司为对象的研究发现，CEO 管理自主权总体上对企业研发投入强度有显著的正面影响。其中，以董事长与总经理两职兼任为特征的职位权和以营运资金或自由现金流为特征的运作权均与研发投入强度显著正相关；但以高管薪酬差异为特征的薪酬权与研发投入之间的关系不明显。苏文兵等（2010）研究发现，总体上，中国 CEO 管理自主权显著正向影响企业研发投入强度；其中，CEO 职位权（两职兼任）和运作权（营运资金或自由现金流）均与研发投入强度显著正相关，但 CEO 薪酬权（高管薪酬差异）与研发投入的关系不明显。基于以上文献，我们提出假设 5-8 和假设 5-9。

假设 5-8：CEO 管理自主权越大，则企业净利润中用于再投资的比重越高。

假设 5-9：CEO 管理自主权越大，则企业再投资中的研发投入强度越高。

然而，张长征、赵西萍和李怀祖（2006）以西安市 198 家民营企业为样本的研究表明，CEO 管理自主权越大，企业启动研发活动的概率越低，且研发投入水平越低。Dong 和 Gou（2011）的研究也表明，CEO 管理自主权与企业研发投入显著负相关。尽管我们坚持认为，管理自主权对企业研发投入具有正向影响，但当其增加到一定幅度时，对企业创新的正向效应也必将趋于平缓。何况，管理自主权还受制于制度与资源动因，也不可能无限增大。因此，我们提出假设 5-10。

假设 5-10：CEO 管理自主权越大，则企业研发投入强度的波动越低。

（五）地区制度环境、CEO 管理自主权与企业研发投入的假设

CEO 管理自主权的中介效应方面,张长征、李怀祖和赵西萍(2006)以 2004 年之前在沪深两市首发 A 股的 213 家上市公司为样本的实证研究表明,管理自主权作为中间变量,仅显著影响企业规模与研发经费投入强度的关系,而对企业规模与研发人员投入强度关系的影响不显著。张长征和蒋晓荣(2011)以陕西省技术型企业为样本的研究表明,地方政府关于企业研发投入的各种相关激励政策,与样本企业 CEO 相对较长的任期一起,有效抑制了 CEO 结构职位权对研发投入强度的负向影响;并且,样本企业 CEO 的专家声望权对研发投入强度的正向影响增强,资源运作权对研发投入强度的正向影响显著。张长征和蒋晓荣(2011)以陕西省技术型企业为对象的实证分析表明,技术型企业的股权集中度对管理自主权的配置有正向影响,并通过管理自主权显著正向影响企业研发投入。因此,我们提出假设 5-11。

假设 5-11：CEO 管理自主权中介了地区制度环境与企业研发投入的关系。

三、城市制度环境与 CEO 管理自主权

（一）样本说明

本研究样本还是选自前述研究中世界银行联合中国国家统计局于 2005 年对中国 30 个省份 120 个城市 12 400 家企业开展的"投资与经营环境调查"。

（二）变量测量

本节采用各省自愿献血率代理信任指标来衡量非正式制度,将企业层次制度指标合并为城市层次的制度指标来测量正式制度。我们应用这些城市层次的

制度变量,分别对 CEO 管理自主权进行了相关分析和 OLS 回归分析,对假设 5-1 至假设 5-7 进行了检验。

1. 非正式制度

Putnam(1993)指出,出于信任对社会生活产生的润滑功能,一个普遍信任的社会比一个没有信任的社会更具效率。Guiso、Sapienza 和 Zingales(2004)认为,无偿献血情况可以用来间接度量一个地区的社会资本。张俊生和曾亚敏(2005)使用中国 30 个省自愿无偿献血率作为衡量社会资本的重要指标,实证研究了中国各地区社会资本与金融发展之间的关系。我们认为,由于自愿献血行为无法获得血液市场上的等价经济报酬,因而在没有外力强迫下,具备献血条件的个人是否采取自愿献血决策,主要考虑的因素是社会成员之间的信任水平。① 沿用上述研究结论与方法,我们采用 1999 年各省自愿献血率的自然对数②,作为信任这一非正式制度指标的代理变量。

刘凤委、李琳和薛云奎(2009)指出,一个地区的信任程度在一定时期内将保持稳定。类似地,世界价值观调查(World Values Survey)项目通过四次调查得出了 50 多个国家和地区的社会信任平均分数。应用此数据的研究均表明:这种对可信度与诚实度的测量,即使随着时间的推移仍保持稳定(Uslaner, 2002; Volken, 2002)。因此我们判断,使用 1999 年各省自愿献血率反映一段时间内(2002—2004 年)的各省社会信任水平是恰当的。

2. 正式制度

关于城市层次的正式制度环境变量,世界银行(2007)将 2005 年《企业投资与经营环境调查》所得到的企业层次数据合并到了城市层次。表 5.1 显示了 6 个城市层次的正式制度指标,以及 1 个省份层次的制度指标。

---

① 有关献血与信任之间的关系,亦可参见韩柳洁:"多地连遭'血荒'信任危机被指推高采血难度",《人民政协报》,2011 年 11 月 14 日。

② 无偿献血数据来自中国输血协会(www.csbt.org.cn),包括各地区当年献血总人次、献血总量、计划无偿献血与自愿无偿献血等统计结果。

表 5.1　城市层次分析中的制度环境变量说明

层次	变量	含义	测量	来源
省份	blood	信任	自愿献血率。1999 年各省自愿献血率的自然对数	中国输血协会
城市层次	gov_int2	政府干预程度	与各政府机构打交道的时间成本。询问企业每年用来和税务、公安、环保、劳动和社会保障等部门打交道的总天数。用总天数除以 365,即可得出该企业(以时间成本计算)的法规负担	世界银行(2007)
	leg_jus2	司法公正程度	产权保护指数。询问企业在商业或其他争议中的合同权利和产权(包括履约)得到保护的可能性(以百分比表示)。该变量经标准化后构成一项指数	
	fin_dev2	金融发展水平	融资渠道。本次调查中区级已获得银行贷款的企业比例	
	lab_fle2	劳动力灵活性	冗员度(负向指标)。询问企业如果裁员不涉及任何处罚,它们认为其冗员比例是多少。因而,冗员度越低则表明劳动力市场越灵活	
	non_soe2	民营化程度	私营企业参与度。国内私营企业在本次调查中所占的百分比	
	for_inv2	外商投资水平	企业资本结构中的外资所占比重	

基于前述对 CEO 管理自主权在地区、企业、高管等层次的影响因素,结合数据的可获得性,这里控制了三个层次的影响因素:第一,CEO 个人层次包括教育程度、任期、是否政治任命、是否兼任董事长以及与中层经理的薪酬差距;第二,组织层次的企业年龄、规模以及民营和外资产权比重;第三,城市层次的城市经济规模。此外,由于行业数据的缺乏,我们未能控制其对 CEO 管理自主权产生的潜在影响。

(三) 相关分析

表 5.2 为城市层次制度变量与企业 CEO 管理自主权的相关分析。结果显示,更高的社会信任水平(自愿献血率)、私营经济发展水平、金融发展水平、司法公正程度、劳动力灵活性,以及更小的政府干预程度,均与更大的 CEO 管理自主权相关。此外,外商投资力度与 CEO 管理自主权负相关。由此,假设 5-1、假设 5-2a、假设 5-3 至假设 5-6 均得到初步验证。

表 5.2 城市层次分析中的制度环境与自主权相关

变量	Obs	M	SD	1	2	3	4	5	6	7
1. blood	12 301	10.950	1.177	—						
2. gov_int2	12 301	0.042	0.014	-0.123**	1					
3. leg_jus2	12 301	0.635	0.167	0.292**	-0.381**	—				
4. fin_dev2	12 301	0.600	0.141	0.178**	0.034**	0.349**	—			
5. lab_fle2	12 301	0.027	0.020	-0.237**	0.411**	-0.434**	-0.259**	—		
6. non_soe2	12 301	0.719	0.160	-0.072**	-0.212**	0.007	0.266**	0.042*	—	
7. for_inv2	12 301	0.146	0.167	0.221**	-0.057**	0.184**	-0.138**	-0.427**	-0.857**	—
8. tot_dis	12 223	7.194	1.523	0.073**	-0.129**	0.140**	0.040**	-0.097**	0.067**	-0.004

注：** 表示 $p < 0.01$，* 表示 $p < 0.05$。

（四）回归分析

除相关分析外,我们还采用城市层次的制度环境对管理自主权进行了 OLS 回归。如表 5.3 的回归结果所示,从非正式制度来看,更高的社会信任水平(blood),与更大的 CEO 管理自主权相关。假设 5-1 得以验证。

表 5.3 城市层次的制度环境与 CEO 管理自主权 OLS 回归

变量	(1)	(2)	(3)	(4)	(5)	(6)	(7)
edu	-0.061**	-0.057**	-0.053**	-0.064**	-0.054**	-0.066**	-0.068**
	(0.018)	(0.018)	(0.018)	(0.018)	(0.018)	(0.018)	(0.018)
tenure	0.011**	0.011**	0.009**	0.012**	0.011**	0.012**	0.012**
	(0.004)	(0.004)	(0.004)	(0.004)	(0.004)	(0.004)	(0.004)
pol_app	-0.423**	-0.386**	-0.399**	-0.426**	-0.396**	-0.421**	-0.429**
	(0.061)	(0.061)	(0.061)	(0.062)	(0.062)	(0.062)	(0.062)
duality	0.171**	0.179**	0.179**	0.183**	0.176**	0.183**	0.184**
	(0.035)	(0.035)	(0.035)	(0.035)	(0.035)	(0.035)	(0.035)
sal_gap	0.018	0.011	0.016	0.018	0.013	0.019	0.018
	(0.013)	(0.013)	(0.013)	(0.014)	(0.014)	(0.014)	(0.014)
prv_own	0.002**	0.002**	0.002**	0.002**	0.002**	0.002**	0.002**
	(0.000)	(0.000)	(0.000)	(0.000)	(0.000)	(0.000)	(0.000)
for_own	0.002**	0.002**	0.002**	0.002**	0.002**	0.003**	0.002**
	(0.001)	(0.001)	(0.001)	(0.001)	(0.001)	(0.001)	(0.001)
firm_age	-0.001	-0.001	-0.001	-0.001	-0.001	-0.001	-0.001
	(0.001)	(0.001)	(0.001)	(0.001)	(0.001)	(0.001)	(0.001)
lnsales	-0.011	-0.003	-0.0167†	-0.010	-0.012	-0.006	-0.005
	(0.010)	(0.010)	(0.010)	(0.010)	(0.010)	(0.010)	(0.010)
per_gdp	-0.117**	-0.056*	-0.074**	-0.095**	-0.141**	-0.053†	-0.114**
	(0.027)	(0.027)	(0.027)	(0.027)	(0.028)	(0.030)	(0.032)
blood	0.083**						
	(0.014)						
gov_int2			-10.57**				
			(1.138)				
leg_jus2				1.029**			
				(0.097)			

(续表)

变量	(1)	(2)	(3)	(4)	(5)	(6)	(7)
fin_dev2				0.300**			
				(0.116)			
lab_fle2					-5.996**		
					(0.890)		
non_soe2						0.374**	
						(0.123)	
for_inv2							0.157
							(0.131)
Constant	7.570**	8.271**	7.477**	8.098**	8.832**	7.580**	8.391**
	(0.274)	(0.249)	(0.258)	(0.255)	(0.265)	(0.328)	(0.284)
Obs.	8 572	8 572	8 572	8 572	8 572	8 572	8 572
F	24.09**	28.92**	31.39**	21.50**	25.12**	21.75**	21.01**
R^2	0.030	0.036	0.039	0.027	0.031	0.027	0.026

注：** 表示 $p<0.01$，* 表示 $p<0.05$，† 表示 $p<0.1$；括号中为标准误。

正式制度的两个负向指标上，更高的政府干预程度(gov_int2)、更小的劳动力灵活性(lab_fle2)均与更小的 CEO 管理自主权相关，从而验证了假设 5-2a 和假设 5-5。

从正式制度的其余正向指标来看，更高的城市金融发展水平(fin_dev2)和城市民营经济发展水平(non_soe2)，均与更大的本市企业 CEO 管理者自主权相关，假设 5-4 和假设 5-6 得以验证。并且，更大的城市外商投资力度(for_own2)与更大的本市企业 CEO 人事自主权相关，验证了假设 5-7。此外，更高的司法公正程度(leg_jus2)，与更大的 CEO 管理自主权相关，假设 5-3 得以验证。

（五）稳健性检验

1. 省份层次的制度指标

区别于城市层次的制度指标来源，我们使用中国各省粗离婚率作为该省社会信任水平的代理变量，以省份层次的七个市场化指数分指标来描述各省的正式制度，并采用相关分析与 OLS 回归分析方法，来进一步验证假设 5-1 至假设 5-7。

第五章　城市制度环境、CEO管理自主权与企业创新投入

表 5.4　省份层次分析中的制度环境变量说明

层次	变量	含义	测量	来源
省份	divorce	信任	2002—2004年各省粗离婚率。离婚宗数除以当年期初人口与期末人口之和的均值	作者根据年鉴计算
省份层次	loc_pro3	地方保护程度	各地抽样调查样本企业在全国各省区销售产品时遇到的贸易保护措施(涉及每个省区的陈述件数)与相应省区的经济规模(GDP)之比	《中国市场化指数》(2010)；《中国高技术产业统计年鉴》(2003,2004,2005)；《中国统计年鉴》(2003,2004,2005)
	leg_jus3	司法公正程度	反映各地中介组织的发育(包括律师、会计师等市场中介组织服务条件,行业协会对企业的帮助程度),法律对生产者权益、消费者权益的保护,以及法律对知识产权的保护等四个方面的内容	
	fin_dev3	金融发展水平	金融业的市场化。含"非国有金融机构吸收存款占全部金融机构吸收存款的比例",以及"非国有企业在银行贷款占全部企业贷款的比重"	
	lab_fle3	劳动力灵活性	我们将原有"外来农村劳动力占当地城镇从业人员的比重"替换为"科技人员总数占当地总人数比重"①,反映当地高层次人才的供给水平	
	non_soe3	民营化程度	非国有经济的发展。综合反映了三个方面的指标:非国有经济在工业销售收入、全社会固定资产总投资中所占比重,以及非国有经济就业人数占城镇总就业人数的比例	
	for_inv3	外商投资水平	引进外资的程度。各地(含港澳台)外商投资占地方GDP的比重	

注:离婚宗数的数据来自《中国民政事业统计年鉴》(2003,2004,2005);期初人口与期末人口的数据来自《中国统计年鉴》(2003,2004,2005)。

(1)非正式制度。任何一个社会的经济活动都根植于社会关系网络中。在以家庭为基本单元的中国社会,居于支配地位的组织原则——亲族原则——在相当程度上影响着人们日常交往行为中的信任(包括信任程度和信任范围),并

---

① 此指标由我们根据公开披露的数据计算得出。其中,"科技人员总数"来自《中国高技术产业统计年鉴》(2006,2007,2008);"当地总人数"来自《中国统计年鉴》(2006,2007,2008)。此指标亦为2005—2007年三年的均值。

进而制约着基于信任的合作行为的发生、发展(许烺光,2002)。韦伯(1993)亦认为,中国社会信任的基石建立在亲戚关系或家庭式的纯粹个人关系之上,也就是说,信任的半径只在家庭层面,因为家庭是中国社会的基本单元。很明显,如果这种社会基本单元因为离婚而导致破裂,那么至少婚姻双方的信任感会极度降低。同理,我们不难推测:如果一个地区家庭破裂比率(即粗离婚率)较高,则当地社会信任水平将大幅降低。基于此,我们以省份粗离婚率指数作为信任程度的代理变量。

(2)正式制度。樊纲、王小鲁和朱恒鹏(2010)的《中国市场化指数》较为客观地量化了1997—2007年中国地区间制度差异与变迁过程。如表5.4所示,我们从《中国市场化指数》中选取了反映各省正式制度的七个相关指标,计算了2002—2004年三年指标的均值。这七个指标包括:政府干预程度、非国有经济的发展、金融业的市场化、引进外资的程度、司法公正与中介组织发育程度、劳动力灵活性和地方保护程度。其中,劳动力灵活性由我们自己设计。并且,我们控制了与城市层次分析相同的三个层次因素的潜在影响。

2. 省份层次的数据分析

(1)描述性统计。表5.5为省份层次制度环境与企业CEO管理自主权的Pearson相关分析结果。从表中可以看出,更大的省域人际信任程度(divorce)、更高的省域非国有经济发展程度(non_soe3)、金融发展水平(fin_dev3)、外商投资力度(for_inv3)、司法公正水平(leg_jus3)、劳动力灵活性(lab_fle3)、地方保护程度(loc_pro3),均与更大的CEO管理自主权相关。因而,除假设5-2b外,假设5-1至假设5-7均得到初步验证。

(2)回归分析。延续前述企业与城市层次的分析方法,这里采用企业所在省份的相关制度变量与四种类型的CEO管理自主权进行了OLS回归,来进一步验证假设5-1至假设5-7。

第五章 城市制度环境、CEO管理自主权与企业创新投入

表 5.5 省份层次分析中的制度环境与自主权相关

变量	Obs	M	SD	1	2	3	4	5	6	7
1. divorce	12 301	1.092	0.471	—						
2. loc_pro3	12 301	8.347	1.515	-0.16**	—					
3. leg_jus3	12 301	4.683	2.235	0.306**	0.568**	—				
4. fin_dev3	12 301	6.930	2.344	-0.097**	0.512**	0.656**	—			
5. lab_fle3	12 301	4.028	2.907	-0.124**	0.486**	0.476**	0.756**	—		
6. non_soe3	12 301	6.772	2.527	0.012	0.624**	0.759**	0.862**	0.753**	—	
7. for_inv3	12 301	2.979	2.326	0.082**	0.451**	0.637**	0.532**	0.393**	0.717**	—
8. tot_dis	12 223	7.194	1.523	-0.063**	0.071**	0.021*	0.049**	0.032**	0.06**	0.034**

注：** 表示 $p<0.01$，* 表示 $p<0.05$。

表 5.6 中的回归结果显示,作为非正式制度的表现形式,省域人际信任程度(以离婚率作为代理变量,divorce)与本省企业 CEO 管理自主权显著负相关,验证了假设 5-1。

从正式制度指标来看,更高的省域地方政府保护水平(loc_pro3)、司法公正程度(leg_jus3)、金融发展水平(fin_dev3)、民营经济发展程度(non_soe3)以及外商投资力度(for_inv3),均与更大的 CEO 管理自主权显著相关。因而假设 5-2b 以及假设 5-3 至假设 5-7 得以验证。尽管劳动力灵活性(lab_fle3)对 CEO 管理自主权的影响不显著,但仍起正向作用,因而部分验证了假设 5-5。

表 5.6 省份层次的制度环境与 CEO 管理自主权回归

变量	(1)	(2)	(3)	(4)	(5)	(6)	(7)
edu	-0.063**	-0.057**	-0.065**	-0.060**	-0.065**	-0.055**	-0.065**
	(0.018)	(0.018)	(0.018)	(0.019)	(0.019)	(0.018)	(0.018)
tenure	0.012**	0.011**	0.012**	0.011**	0.012**	0.011**	0.012**
	(0.004)	(0.004)	(0.004)	(0.004)	(0.004)	(0.004)	(0.004)
pol_app	-0.423**	-0.418**	-0.422**	-0.420**	-0.425**	-0.414**	-0.426**
	(0.061)	(0.061)	(0.062)	(0.062)	(0.062)	(0.061)	(0.061)
duality	0.182**	0.176**	0.183**	0.183**	0.185**	0.179**	0.182**
	(0.035)	(0.035)	(0.035)	(0.035)	(0.035)	(0.035)	(0.035)
sal_gap	0.018	0.015	0.017	0.016	0.017	0.014	0.017
	(0.013)	(0.013)	(0.014)	(0.014)	(0.014)	(0.014)	(0.014)
prv_own	0.002**	0.002**	0.002**	0.002**	0.002**	0.002**	0.002**
	(0.000)	(0.000)	(0.000)	(0.000)	(0.000)	(0.000)	(0.000)
for_own	0.002**	0.002**	0.002**	0.002**	0.002**	0.002**	0.002**
	(0.001)	(0.001)	(0.001)	(0.001)	(0.001)	(0.001)	(0.001)
firm_age	-0.002	-0.001	-0.001	-0.001	-0.001	-0.001	-0.001
	(0.001)	(0.001)	(0.001)	(0.001)	(0.001)	(0.001)	(0.001)
lnsales	-0.007	-0.010	-0.007	-0.008	-0.006	-0.012	-0.006
	(0.010)	(0.010)	(0.010)	(0.010)	(0.010)	(0.010)	(0.010)
per_gdp	-0.069*	-0.134**	-0.136**	-0.132**	-0.105**	-0.174**	-0.134**
	(0.028)	(0.028)	(0.030)	(0.029)	(0.028)	(0.030)	(0.030)
divorce	-0.132**						
	(0.036)						

（续表）

变量	(1)	(2)	(3)	(4)	(5)	(6)	(7)
loc_pro3		0.066**					
		(0.011)					
leg_jus3			0.025**				
			(0.008)				
fin_dev3				0.026**			
				(0.008)			
lab_fle3					0.008		
					(0.006)		
non_soe3						0.043**	
						(0.008)	
for_inv3							0.026**
							(0.008)
Constant	8.156**	8.046**	8.504**	8.402**	8.291**	8.692**	8.525**
	(0.251)	(0.252)	(0.267)	(0.256)	(0.254)	(0.263)	(0.266)
Obs.	8 572	8 572	8 572	8 572	8 572	8 572	8 572
F	22.14**	24.05**	21.70**	21.87**	21.07**	23.71**	21.86**
R^2	0.028	0.030	0.027	0.027	0.026	0.030	0.027

注：** 表示 $p<0.01$，* 表示 $p<0.05$；括号中为标准误。

四、管理自主权与企业研发投入

（一）变量测量

企业研发投入强度以两个指标来衡量：一是人均研发投入，二是研发投入所占销售收入比重。并且，研发投入强度的波动指标也据此包括两个方面。此外，我们亦同上控制了 CEO 个人、组织与城市三个层次指标的潜在效应。具体变量说明请见表 5.7。

表5.7 管理自主权、企业研发投入与控制变量说明

类型	变量	含义	测量	来源
因变量	reinvest	企业再投资	2004年净利润中用于再投资的比重	根据财务与人事经理提供的数据计算
	rd_lab02	企业研发强度1	2002—2004年各年研发支出/当年总雇用人数	
	rd_lab03			
	rd_lab04			
	vrd_lab03	企业研发强度波动1	(rd_lab04 - rd_lab03)/rd_lab03 的绝对值	
	vrd_lab02		(rd_lab04 - rd_lab02)/rd_lab02 的绝对值	
	rd_sale02	企业研发强度2	2002—2004年各年研发支出/当年主营业务收入	
	rd_sale03			
	rd_sale04			
	vrd_sale03	企业研发强度波动2	(rd_sale04 - rd_sale03)/rd_sale03 的绝对值	
	vrd_sale02		(rd_sale04 - rd_sale02)/rd_sale02 的绝对值	

(二) 相关分析

管理自主权与企业再投资、研发投入强度及其波动等因变量的 Pearson 相关分析结果如表 5.8 所示。从表中看,更大的 CEO 管理自主权,均与更高的企业再投资比重、更大的企业研发投入比重的波动相关,从而初步验证了假设 8 和假设 10。

表5.8 管理自主权与企业研发投入的相关分析

变量	Obs	M	SD	1	2	3	4
1. reinvest	7 958	38.500	37.430	—			
2. rd_lab04	12 301	0.004	0.024	$-0.02^{\dagger}$	—		
3. vrd_lab02	6 462	3.054	30.650	-0.008	0.066^{**}	—	
4. vrd_sale02	6 464	8.972	256.000	-0.009	0.008	0.091^{**}	—
5. tot_dis	12 223	7.194	1.523	0.051^{**}	0.005	-0.056^{**}	-0.032^{*}

注:** 表示 $p<0.01$,* 表示 $p<0.05$,† 表示 $p<0.1$。

(三) 回归分析与稳健性检验

为了进一步检验前述假设,我们分别应用企业再投资比重、企业研发投入强度及其波动共六个指标,对 CEO 自主权进行 OLS 回归。从表 5.9 中回归结果可

以看到，CEO 管理自主权越大，企业人均研发投入比重越高。假设 5-8 由此得以验证。并且，CEO 管理自主权越大，企业上一年度利润中用于再投资的比重越高，验证了假设 5-9。并且，CEO 管理自主权越大，企业 2002—2003 年研发投入强度的波动（vrd_lab03，vrd_sale03）越小。假设 5-10 得到验证。

表 5.9　管理自主权与企业研发投入及其波动的回归分析

变量	(1) reinvest	(2) rd_lab04	(3) vrd_lab03	(4) vrd_sale03	(5) vrd_lab02	(6) vrd_sale02
tot_dis	1.203**	0.0004†	-1.596**	-1.196**	-1.652**	-4.875**
	(0.337)	(0.000)	(0.320)	(0.429)	(0.336)	(1.544)
edu	-0.278	0.001**	0.524	0.609	0.666	1.622
	(0.556)	(0.000)	(0.550)	(0.737)	(0.578)	(2.652)
tenure	0.265*	3.81E-05	0.072	0.105	0.121	-0.548
	(0.106)	(0.000)	(0.100)	(0.134)	(0.105)	(0.481)
pol_app	-5.533**	-0.002†	-1.657	-2.552	-1.629	-8.979
	(2.007)	(0.001)	(1.713)	(2.293)	(1.800)	(8.258)
duality	4.187**	-0.001*	1.768†	-0.327	1.351	5.774
	(1.066)	(0.001)	(1.026)	(1.374)	(1.077)	(4.947)
sal_gap	0.422	0.0002	0.632†	0.581	0.728†	0.919
	(0.400)	(0.000)	(0.384)	(0.514)	(0.403)	(1.851)
prv_own	0.037**	-4.98E-06	-0.004	0.015	-0.015	-0.03
	(0.011)	(0.000)	(0.011)	(0.014)	(0.011)	(0.051)
for_own	-0.204**	-5.20E-06	-0.010	-0.019	-0.030	0.016
	(0.017)	(0.000)	(0.018)	(0.024)	(0.019)	(0.086)
firm_age	-0.083*	-4.79e-05†	0.030	0.029	0.006	-0.141
	(0.042)	(0.000)	(0.036)	(0.049)	(0.038)	(0.175)
lnsales	0.550†	0.002**	-0.37	-0.075	-0.398	1.726
	(0.319)	(0.000)	(0.292)	(0.392)	(0.307)	(1.410)
per_gdp	-2.645**	0.003**	1.463†	2.025†	2.650**	-2.590
	(0.820)	(0.000)	(0.775)	(1.039)	(0.814)	(3.740)
Constant	47.55**	-0.052**	-1.282	-12.16	-10.05	38.78
	(8.152)	(0.005)	(7.759)	(10.39)	(8.151)	(37.43)
Obs.	5 745	8 572	4 926	4 928	4 927	4 928
F	34.52**	35.83**	3.33**	1.61†	4.13**	1.60†
R^2	0.062	0.044	0.007	0.004	0.009	0.004

注：** 表示 $p<0.01$，* 表示 $p<0.05$，† 表示 $p<0.1$；括号中为标准误。

此外,我们还使用2002—2004年三年间两种类型的企业研发投入强度波动对CEO管理自主权进行了稳健性回归,分析结果显示,CEO管理自主权越大,企业研发投入强度的波动(vrd_lab02,vrd_sale02)越小,从而更进一步验证了假设5-10。

五、研究结论与理论启示

(一)制度环境与管理自主权的研究结论

我们采用两种不同的非正式制度指标(自愿献血率、离婚率),作为企业或社会信任水平的代理变量。并且,我们还从城市与省份两个层次,以政府干预与保护程度、司法公正程度、金融发展水平、劳动力灵活性、民营化程度和外商投资水平等七个不同方面的指标,来描述企业面临的正式制度环境。

在此基础上,我们分别应用这两个层次的非正式制度与正式制度指标,对企业CEO管理自主权进行了相关分析与OLS回归分析,得出如下研究结论:企业总部所在地区内社会信任水平越高,政府保护程度越大,司法公正程度越高,金融发展水平越高,劳动力灵活性越高,民营经济发展水平越高,外商投资水平越高,则其CEO管理自主权越大;相反,企业总部所在地区的政府干预程度越大,则其CEO管理自主权越小。

(二)管理自主权与企业研发投入的研究结论

我们实证考察管理自主权与企业研发投入后得出如下结论:

第一,当CEO拥有更大的管理自主权时,企业将更有可能将其上一年利润中的更大份额用于再投资,通过扩大投资来获取更大的未来收益;

第二,当CEO拥有更大的管理自主权时,企业将更有可能增加研发投入强度,承担由此带来的潜在风险,并获取与之风险相应的回报;

第三,尽管当CEO拥有更大的管理自主权时,企业将更有可能提高其净利润中用于再投资的比重,并在再投资中加大研发投入的强度,但CEO主观上出于对企业风险可控性的关注,会运用较大的管理自主权来降低企业研发投入强度的波动,使之趋于平稳。

由此可见,CEO 对其管理自主权的利用,并非盲目冒险以追逐超额回报,而是张弛有度、理性决策,既敢于冒险又适时规避风险,从而实现 CEO 个人与其所在企业目标的统一。这就意味着,CEO 运用管理自主权可能带来的结果,一方面在 CEO 薪酬管理中反映了委托代理理论的判断,另一方面在企业创新战略中反映了战略选择理论的判断,从而有机统一了本来矛盾的两派理论观点,更进一步验证并拓宽了管理自主权这一核心概念在不同情境下的重要解释效力。

(三)基于研究结论的理论启示

第一,管理自主权的本质方面,从其对企业创新战略与生产效率的影响来看:一方面,CEO 管理自主权越大,企业研发投入强度与产能利用率越高;另一方面,随着 CEO 管理自主权的增大,企业研发投入强度的波动与产能利用率的波动却越低。这表明,作为一种"行为自由度",CEO 管理自主权固然能对企业的创新战略或整体绩效产生巨大影响,但这种影响仍有一定限度。毕竟,客观而言,企业战略选择或整体绩效是多种原因作用的结果,CEO 管理自主权纵然具有强大的解释力,也只能解释其中的一部分。

第二,管理自主权的效应方面,其中介效应得以证实。也就是说,制度环境和资源要素对企业创新战略的影响,是通过管理自主权来传导的。由此,我们进一步证明了"制度与资源动因—CEO 管理自主权—组织行为"的分析框架,从而既拓宽了高阶梯队理论的外延,又强化了制度理论的内涵。

第六章 省份制度环境、CEO管理自主权与企业风险承担*

一、问题提出

自近代公司制诞生以来,作为市场机制的替代,企业对社会经济发展的重要性日益凸显(Coase,1937)。然而,有关企业的企业家是否重要的争论却从未间断。源于战略管理理论的一派观点(如 Hambrick and Mason,1984)认为,高层管理者能够左右组织行为并极大地影响其产出;而出自新制度学派(如 DiMaggio and Powell,1983)与人口生态学理论(如 Hannan and Freeman,1977)的另一派观点则强调,受社会规范、组织惯性等因素影响,管理者的作用非常有限。为了调和这两派观点的矛盾,基于 Child(1972)及 Montanari(1978)的开创性研究,Hambrick 和 Finkelstein(1987)引入"管理自主权"的概念①,首先认可了上述两派对立观点的相对客观性;至于高管何时重要,则取决于管理者自身(如对模糊的容忍度)、所在组织(如治理结构)及所处任务环境(如产业成长)等不同层次的要素。

迄今,在个人与组织层次,管理自主权的决定因素已得到深入挖掘,而对环境决定因素的研究则多停留在甚至被简单等同于产业环境。因而,对宏观制度环境因素的探讨,将很可能带来管理自主权理论的新拓展(Hambrick et al.,2004)。尽管 DiMaggio(1988)较早提出了"制度企业家"(Institutional Entrepreneurship)的概念,但后续研究多局限于质性探讨而缺乏实证支持(周其仁,2000;邹辉霞,2002;胡祖光、张铭,2010);尽管越来越多的实证研究开始关注制

---

* 本章原文发表于《管理世界》2012年第4期,发表时题为"区域制度差异、CEO管理自主权与企业风险承担:中国30省高技术产业的证据"。

① 英文也称"autonomy";国内学者亦译为"自由裁量权""管理决断权"或"经理自主权"。

>>>>>> 第六章 省份制度环境、CEO管理自主权与企业风险承担 >>> >

度环境对企业经营管理的影响（Greenwood and Suddaby，2006；Peng et al.，2009），但类似研究往往忽视了企业家在连接宏观环境与微观组织中的重要作用（Battilana，Leca and Boxenbaum，2009）。

2011年3月，*Journal of Management* 发布专刊，呼吁管理学界通过连接宏观与微观领域，在研究方法与理论创新上走出一条新路（Aguinis，Boyd，Pierce and Short，2011）。近来，一些学者已经开始了这种有益尝试。Crossland 和 Hambrick（2007）通过比较正式制度（如法律传统、企业所有权结构、公司治理机制）与非正式制度（如文化价值观）的国别差异，推断美国 CEO 比德国和日本 CEO 对企业绩效的影响更大。为了弥补质性研究的不足，Crossland 和 Hambrick（2011）运用公开数据构建了国家层次的正式与非正式制度指标，并通过专家问卷调查获取到15个市场经济国家的 CEO 管理自主权数据，实证检验了 CEO 管理自主权的制度前因与效应。①

我们认为，制度差异不但存在于国家之间，亦存在于一国内部的不同地区之间。与拥有良好制度设计的市场经济体相比，这种差异在转型经济体中表现得尤为明显（相里六续，2009）。以中国的改革发展为例，中央政府长期实施的梯度发展战略，导致各区域之间正式制度发展水平的极不均衡（樊纲、王小鲁、朱恒鹏，2010）。我们推论，这种制度差异将很可能造成 CEO 管理自主权的地域差异。为检验这一推论，并尝试通过 CEO 管理自主权架起宏观区域制度环境与微观企业经营管理之间的桥梁，进而实证探究制度企业家的形成机制，我们首先通过问卷调查获取了61位学界专家与84位公司高管对中国30个省级行政单位（以下简称30个省）的企业 CEO 管理自主权的评分。在此基础上，我们以2005—2007年间中国30个省高技术产业共58 173家观测企业为样本，考察了 CEO 管理自主权对地区层次的企业风险承担战略与绩效的影响。同时，我们还从公开数据中选取反映中国省际制度差异的8个指标，并根据样本特征（高技术企业）对其中4个正式制度指标进行了修正，以检验 CEO 管理自主权与制度前因的关系及其中介效应。此外，我们还运用中国输血协会与世界银行的公开制

---

① 这15个国家分别是：美国、英国、加拿大、澳大利亚、荷兰、瑞典、瑞士、新加坡、西班牙、德国、法国、奥地利、韩国、意大利和日本。制度前因包含正式制度（如所有权结构分散度、法律体系是否源自普通法，以及雇主解雇员工的自由度）和非正式制度（如个人主义文化价值观、不确定性容忍、权力距离，以及文化宽松度）两个方面。

度指标数据,对研究结论的稳健性进行了检验。

本研究的贡献包含以下六个方面:第一,我们以研究实践响应了当今管理学界"致力于连接宏观与微观领域"的呼吁;第二,引入 CEO 管理自主权概念的两个实证研究,系统回答了管理者是否重要及何时重要的问题,剖析了"制度企业家"的形成机制,进一步有机统一了不同理论流派的争论;第三,CEO 管理自主权的决定因素从个人、组织和行业层次拓展到区域层次,其适用范围也从市场经济体扩展到转型经济体;第四,CEO 管理自主权的中介效应而非传统的调节效应(Hambrick,2007)得到进一步验证,提高了其解释力与重要性;第五,中国 30 个省 CEO 管理自主权的问卷调查数据,为后续涉及中国区域差异或高层管理者的相关研究提供了便利;第六,我们的研究结论不但为转型经济体中高技术企业实施国际化与创新战略提供了参考,也为中国各地区改进自身商业环境以及外商投资的区位选择提供了借鉴,还为人们重新思考中央与地方分权、政府与企业关系等涉及中国政治与经济体制改革的深层次问题开启了新视角。

本研究结构安排如下:第二部分系统回顾了管理自主权的界定、前因、效应及中国情境下的相关研究,并在此基础上结合中国国情提出了相应假设。第三、第四部分分别通过两个实证研究探讨三个问题:① 区域制度环境如何影响 CEO 管理自主权;② CEO 管理自主权如何影响企业风险承担战略与绩效;③ CEO 管理自主权是否具有连接制度环境与企业战略及绩效的中介效应。第五部分对前述实证研究结论进行了稳健性检验。本章结尾讨论了本研究的理论贡献与实践启示、研究局限及今后的研究方向。

二、文献综述与假设提出

自主权即个体所享有的行动自由(March and Simon,1958;Williamson,1963)。Shen 和 Cho(2005)总结了两种不同形式的管理自主权:经济学文献基于理性人假设与代理理论,往往将管理自主权视为管理者(代理者)追求个人利益而非股东(委托者)福利最大化的程度,即目标上的自由度;管理学领域则视之为管理者在制定或执行战略过程中所具备的选择权,属行为上的自由度。本研究研究的管理自主权,即指管理行为的自由度(Hambrick and Finkelstein, 1987)。

(一)管理自主权的决定因素

Hambrick 和 Finkelstein(1987)结合前人的大量研究,总结了管理者个人特征、组织内部因素与外部任务环境三个层次的前因。其中,个人、组织与产业环境三个层次的决定因素已受到广泛关注。

在个人层面,CEO 管理自主权的影响因素包括抱负水平、对模糊的容忍度、认知复杂程度、内部控制能力、权力基础以及政治敏感度等。在组织层面,组织惯性(包括组织的规模、年龄、文化与资本强度)、可获取资源、内部政治情况(所有权、董事会构成与忠诚度以及内部权力集中度)等因素,也都将在很大程度上影响管理者在战略与政策上的自由度(Finkelstein, Hambrick and Cannella, 2009)。

基于经验判断,Hambrick 和 Finkelstein(1987)列举了 CEO 管理自主权的如下行业决定因素:产品差异化程度、市场成长性、产品需求稳定性、行业资本密集度、行业竞争程度、法律法规约束(如行业管制),以及其他外部强制力量。为了实证检验上述经验判断,相关研究最初旨在识别不同行业的管理自主权大小(如 Finkelstein and Hambrick, 1990; Hambrick, Geletkanycz and Fredrickson, 1993)。此外的大量研究发现,行业管制将会限制自主权(如 Lenz, 1981)。Kim 和 Prescott(2005)在有关政府角色的讨论中指出,行业中的政府管制为企业内部治理提供了替代机制,从而会降低高层决策者的行为自由度。Haleblian 和 Finkelstein(1993)研究表明,广告强度、研发强度、市场增长以及管制程度等因素与管理自主权相关。

Crossland 和 Hambrick(2007, 2011)的研究则表明,即使在那些市场经济体中,国家层次的宏观制度环境也会导致 CEO 管理自主权的国别差异。至于转型经济体,Li 和 Tang(2010)以中国为情境的研究显示,除行业层次(如企业所处行业的市场规模、复杂性与稳定性)与组织层次(如企业年龄、规模、无形资产、CEO 两职兼任)的因素外,企业所有权性质(是否国有)与 CEO 的政治关联(是否政府任命)等因素也会影响 CEO 管理自主权。

（二）管理自主权的影响效应

目前有关高层管理者效应的研究大多关注组织绩效，而较少考察组织的战略选择过程（巫景飞等，2008）。与此类似，对 CEO 管理自主权效应的研究，亦多聚焦于企业绩效、CEO 薪酬或继任等内部治理结构问题（Rajagopalan and Finkelstein，1992；Rajagopalan，1997；Finkelstein and Boyd，1998）。从不同的理论视角出发，学界对管理自主权效应的判断存在三种截然不同的观点。借鉴 Caze（2007）的归纳，我们逐一介绍组织生态理论（Ecology Theory）、代理理论（Agency Theory）及战略选择理论（Strategic Choice Theory）的不同主张及其内在机理。

组织生态理论认为，管理自主权与企业绩效并不存在比较系统的关系。该理论试图通过将进化与自然选择理论应用到组织情境中，以理解组织中人口多样化的成因（Baum，1996；Singh and Lumsden，1990）。其中一些流派认为，组织作为一种惯性力量，足以排除管理者的影响力（Hannan and Freeman，1977）；另一些流派则承认管理者可以在组织中创造变革，但他们认为这种变革要么是结构性压力早已决定的结果，要么就对组织收益的增进十分有限（Carroll，1988；Hannan and Freeman，1984）。不同流派的共同特征在于，他们假定外在的或内部结构性的压力，将迫使有意识的管理行为变得不那么重要。

代理理论判断，管理自主权将导致企业绩效的损害。与组织生态理论将组织类比为生物学意义上的生命不同，代理理论将组织视为各参与方所订立的契约。所有者与投资者（即委托方）授权管理者（即代理方）代表他们采取行动（Fama，1980；Jensen and Meckling，1976），委托方只需高度关注代理方是否忠于双方的契约。该理论认为，这种监督是有价值的，因为代理方拥有与委托方不尽一致的个人利益。于是，管理自主权将会助长管理者的机会主义行为——转移与绩效相关的资源为己所用，从而损害组织绩效（Kiser，1999）。

战略选择理论则指出，管理自主权有助于企业绩效的增进。与代理理论类似，战略选择理论也假定管理者有能力在组织中实施有意义的变革。然而，代理理论假定管理者将会以组织收益为代价，运用自主权捞取个人收益；战略选择理论则假设，管理者将会运用自主权来使组织受益（Child，1972；Hrebiniak and

Joyce, 1985; Keats and Hitt, 1988)。二者的差异在于组织压力对管理者个人利益的影响效力。代理理论不认同组织的实体性,仅关注管理者与委托方之间的契约(Fama, 1980)。在这种仅含契约的框架中,诸如晋升机会、组织承诺与工作依赖等问题都毫无意义。相反,战略选择理论则将组织视为一个实体,认为上述问题非常重要,并假定它们都是管理者帮助组织实现成功的最好收益。因而,管理自主权将有助于管理者在动态环境中不断调整,以应对无法预期的变化,进而增进组织绩效。

(三)国内学者的相关研究

国内学者中,李有根和赵锡斌(2003)回顾了管理自主权的影响因素、测量方法与指标,并指出了它对公司治理及中国国企改革实践的启示。李有根和赵西萍(2004)以职位权和报酬权测量的管理自主权指数随公司股权集中度提高而下降;张长征、李怀祖和赵西萍(2006)以职位权、薪酬权与经营权测度的管理自主权随着企业规模的扩大而降低。张长征和李怀祖(2008)回顾了管理自主权的不同理论视角、影响因素及其对管理者薪酬、公司绩效和多元化战略的影响效应与机理。袁春生(2009)运用管理自主权解析经理壁垒的成因,拓展并深化了经理壁垒的研究。高遐、井润田和万媛媛(2009)基于代理变量,通过 SEM 模型构建出管理自主权的多指标衡量体系,并证实它对高管薪酬和企业绩效都具有决定作用。井润田(2009)借鉴 Haleblian 和 Finkelstein(1993)的分析方法,使用二手资料度量中国不同行业的 CEO 管理自主权,并解释了行业间高管薪酬差异的原因。

(四)文献启示

国内外有关管理自主权决定因素与影响效应的研究,为未来研究提供了五点启示:其一,管理自主权概念的引入,为解释多种管理现象与问题注入了新的活力;其二,管理自主权决定因素的研究层次,尚有待从个人、组织与行业层次向宏观制度环境层次拓展,同时又不必过于扩展到国家层次,以探讨转型国家内部各区域之间制度差异所带来的效应;其三,对管理自主权影响效应的研究,应从组织绩效等静态结果,向组织战略选择等动态过程拓展;其四,对管理自主权的测量,相比使用环境、组织与个人因素等间接指标代理的传统方法,通过高管与专家等相关主体进行直接评测所得到的感知自主权更趋近于现实;其五,在调节效应已获诸多研究证实的基础上,若管理自主权的中介效应得到进一步验证,其对管理现象的解释力将大幅提高。

为此,我们结合中国情境下的地区制度差异特征,就区域正式与非正式制度、CEO管理自主权、企业战略选择及绩效三者的关系提出了相应假设,并对假设进行了实证检验。

（五）中国情境下的若干假设

遵循与本书第五章研究城市层次制度环境与CEO管理自主权相同的逻辑,这里在省份层次就二者关系提出假设6-1至假设6-8。

假设6-1:企业总部所在省份的企业间信任水平越高,则CEO管理自主权越大。

假设6-2:企业总部所在省份的政府对企业干预程度越大,则CEO管理自主权越小。

假设6-3:企业总部所在省份的所有权分离程度越大,则CEO管理自主权越大。

假设6-4:企业总部所在省份的金融发展水平越高,则CEO管理自主权越大。

假设6-5:企业总部所在省份的贸易保护程度越高,则CEO管理自主权越大。

假设6-6:企业总部所在省份的外商投资水平越高,则CEO管理自主权越大。

假设6-7:企业总部所在省份的司法公正与中介组织发育水平越高,则CEO管理自主权越大。

假设6-8:企业总部所在省份的劳动力灵活性越大,则CEO管理自主权越大。

中国三十余年的对外开放尤其是加入世界贸易组织以来,企业"走出去"的浪潮正风起云涌。但不可否认,中国企业的国际化还局限在东部沿海地区,中西部地区企业对于国际化的经验积累仍十分有限。即使处于东部地区的优势企业,由于对海外法律、规则、文化等了解不足,在实施跨国并购中亦常遭遇挫折。在知识产权保护相对薄弱的中国,创新被视为具有风险的企业战略(Maskus,2000;Li and Tang,2010;丁磊,2012)。① Elenkov、Judge 和 Wright(2005)研究证实,战略领导与企业创新显著正相关。Gorodnichenko、Svejnar 和 Terrell(2010)研究指出,本土企业国际化所面临的外国竞争与企业创新稳健正相关。因此我们提出假设 6-9 至假设 6-10。

假设 6-9:企业总部所在省份的 CEO 管理自主权越大,则企业风险承担能力(a. 国际化程度;b. 研发投入强度)与绩效水平(c)越高。

假设 6-10:省份 CEO 管理自主权将会中介制度前因与企业风险承担能力(a. 国际化程度;b. 研发投入强度)及绩效水平(c)的关系。

为检验以上假设是否成立,我们分别开展两个实证研究,并对所得结论进行稳健性检验。

三、研究1:制度环境与管理自主权

(一)研究方法

1. 样本选择

考虑制度环境的可比性,我们仅选取除港、澳、台地区之外的内陆 30 个省作为基本研究单位。由于满足调查标准的企业有限,本研究也不包括西藏。事实上,出于时间、资源等原因,国家统计局的月度、季度和特别调查一般也不包括西藏(世界银行,2007)。

2. 变量测量

管理自主权(Md)。如前所述,"管理自主权"的相对抽象性和主观性,决定

---

① 有关中国情境下创新与风险的关系,参见游星宇:"丁磊:谁创新谁倒霉",《南方都市报》,2012 年 1 月 7 日。

了研究者们通常采用一些可观测的代理变量对其进行测量。与此不同,Hambrick 和 Abrahamson(1995)通过问卷访谈的形式,邀请证券分析师与相关学者分别评价了各自熟悉的一些行业中,企业 CEO 在不同情境下的管理自主权大小。我们认为,相比代理变量,恰当的专家评估更具客观性与可比性。因此,本研究选取学界专家与公司高管两组对象,分别邀请他们参与问卷调查,评价自己所熟悉省份的企业 CEO 管理自主权的大小。

学界专家评分(Expert)

问卷。专家问卷以"中国省际企业 CEO 管理自主权调查"为主题。每位参与者首先会通过一段简短的描述性文字获取管理自主权的相关信息:

> 管理自主权,即管理行为的自由度(Hambrick & Finkelstein,1987)。一个拥有高度自主权的 CEO,在选择和执行企业战略中享有高度自由。相反,一个仅有低度自主权的 CEO,在选择和实施企业战略时经常捉襟见肘。总的来说,CEO 的管理自主权,可能受企业总部所处地域的正式制度(如政府行为、民营化、法律法规、地方保护、金融支持、人才供应)和非正式制度(如文化传统、人际信任)等两方面因素的制约。

之后,我们邀请专家按照1—7 分由小到大的顺序,在30 个省中比较评价总部位于他们所熟悉的省份的企业 CEO 管理自主权的大小。为帮助评分者适时平衡评价标准并反映区域差异,我们首先列出北京、辽宁、上海、湖北、广东、重庆、陕西等7 个省(它们分别覆盖了华北、东北、华东、华中、华南、西南、西北七大区域的中心城市),再列出剩余23 个省。在问卷结尾处,我们请求专家报告了其工作单位所在的省。

样本。结合本研究的主题,我们首先检索了2006—2010 年间在《管理世界》《经济研究》《经济学(季刊)》和《中国社会科学》四种期刊上发表的有关中国区域差异或企业家与高管研究的专论。按照内容相关度进一步筛选后,检索结果包含157 篇相关研究,其中区域差异研究100 篇,企业家或高管研究57 篇。2011 年6—8 月间,我们对其中177 位作者发放了调查问卷。最终,我们收到77 份回复,其中有效回复61 份。填答专家分别来自16 个省(北京18 人,京外43 人)。

结果。如表6.1 所示,每位专家所评省份数目为3—30 个,每省得分均分布于1—7分。61位专家共提供了1 439个评分(每省41—59个,总体平均每省47.97个)。专家评分内部一致性系数ICC(3,k)为0.835,绝对一致性系数为0.645。

表6.1 CEO管理自主权的总体均值

地区	Mean	Expert	EMBA	V1	V2	地区	Mean	Expert	EMBA	V1	V2
北京	5.00	5.22	4.78	4.47	5.05	河南	3.73	3.65	3.80	3.67	3.96
天津	4.53	5.02	4.04	4.03	4.06	湖北	3.93	3.91	3.95	3.77	4.10
河北	3.79	4.05	3.53	3.40	3.66	湖南	3.90	3.82	3.98	3.79	4.19
山西	3.56	3.52	3.59	3.54	3.64	广东	6.18	6.41	5.95	5.92	5.98
内蒙古	3.71	3.50	3.91	4.10	3.72	广西	3.39	3.30	3.47	3.32	3.62
辽宁	3.84	3.68	4.00	3.71	4.26	海南	4.59	4.60	4.58	4.59	4.57
吉林	3.71	3.64	3.78	3.67	3.88	重庆	4.26	4.04	4.47	4.22	4.71
黑龙江	3.72	3.43	4.00	3.74	4.21	四川	4.05	3.84	4.25	4.21	4.29
上海	5.75	6.00	5.50	5.49	5.51	贵州	3.20	2.83	3.57	3.52	3.62
江苏	5.60	5.87	5.33	5.33	5.33	云南	3.17	2.86	3.47	3.44	3.50
浙江	6.05	6.41	5.68	5.64	5.73	陕西	3.21	2.91	3.50	3.19	3.78
安徽	4.02	3.78	4.26	4.41	4.12	甘肃	2.76	2.43	3.08	3.04	3.13
福建	5.31	5.42	5.20	5.41	4.96	青海	2.83	2.52	3.13	2.96	3.30
江西	3.68	3.52	3.84	3.67	4.05	宁夏	2.74	2.45	3.02	2.96	3.08
山东	4.87	5.07	4.66	4.62	4.70	新疆	2.96	2.80	3.12	3.00	3.25

公司高管评分(EMBA)

问卷。以公司高管为对象的调查问卷分为两个版本:版本一($V1$)主体内容与学界专家问卷完全相同。版本二($V2$)则将导语部分"总的来说,CEO的管理自主权,可能受……两方面因素制约"更换为"总的来说,受企业所处区域综合环境的影响,不同地区CEO在管理自主权上存在差异"。也即,版本一注明了可能影响CEO管理自主权的制度因素,版本二未注明。并且,两个版本的问卷均在结尾部分询问了评分人位于中国内地的公司总部所在省。

样本。公司高管的样本来自就读高级管理人员工商管理硕士(EMBA)项目的125位学员。他们基于自愿参与调查,并被随机分为60人和65人两组,分别完成问卷版本一和版本二。最终,版本一回收58份,40份有效;版本二回收65份,44份有效。84位有效问卷填答者所属公司的中国总部分布于16个省,其中北京32人,京外52人(含香港1人)。

宏观制度环境、CEO管理自主权与微观企业行为

结果。为考察在问卷中提示可能影响 CEO 管理自主权的制度因素会否引起评分差异,我们对三个版本调查问卷所得的管理自主权均值进行了 Pearson 相关分析。表 6.2 显示,在 $P<0.01$ 的水平下,版本二问卷(未提示)与版本一和专家问卷(已提示)所得自主权评分结果的相关系数分别为 0.952 和 0.944。可见,是否提示制度前因对评分结果没有影响。基于此,我们合并了高管人员填答的两个版本调查数据。合并后的结果包含 1846 个评分(每省 49—81 个,总体平均每省 61.53 个)。高管评分内部一致性系数 ICC(3, k)为 0.812,绝对一致性系数为 0.752,具有可靠信度。

表 6.2　不同版本管理自主权的描述性统计与相关关系

变量	均值	标准差	最小值	最大值	Mean	Expert	EMBA	V1
Mean	4.066	0.97	2.74	6.18	—			
Expert	4.017	1.167	2.43	6.41	0.992**	—		
EMBA	4.115	0.794	3.02	5.95	0.984**	0.954**	—	
V1	4.028	0.84	2.96	5.92	0.972**	0.943**	0.988**	—
V2	4.199	0.765	3.08	5.98	0.972**	0.944**	0.987**	0.952**

注:$N=30$;** 表示 $p<0.01$。

总体评分(Mean)

我们进一步考察了学界专家与公司高管两个不同群体评分的差异。表 6.2 中 Pearson 相关分析显示,合并后的高管评分值(EMBA)与专家评分值(Expert)相关系数达到 0.954($P<0.01$)。这表明两个不同群体的评分值在统计上高度相关。为此,我们将二者合并得到总体评分(Mean)。总体评分来自 145 位评分人(其中,北京 50 人,京外 95 人),共包括 3285 个评分(每省 93—139 个,总体平均每省 109.5 个)。总体评分内部一致性系数 ICC(3, k)为 0.808,绝对一致性系数为 0.701,具有可靠信度。

此外,我们考察了评分人来源省份,即其工作单位(专家)或企业总部所在地(高管)对其评分是否存在影响。由于总体样本中来自北京的评分者居多,我们将评分者分为北京(50 人)和京外(95 人)两组。经计算,两组评分均值的 Pearson 相关系数为 0.980($P<0.01$)。这表明,评分者的地域来源对其评分没有显著影响。

非正式制度。对于一个国家而言,"信任"是除物质资本和人力资本之外,决定经济增长和社会进步的主要社会资本。就各地企业守信用的情况,"中国企业家调查系统"2000年对全国31个省份15 000多家企业的负责人进行了问卷调查。张维迎和柯荣住(2002)利用这些跨省调查的信任数据,揭示了信任对地区经济绩效(如企业规模、企业发展速度、引进外资等)的影响。刘凤委、李琳和薛云奎(2009)认为,一个地区的信任程度在一定时期内会保持稳定。他们同样基于此信任指标的研究发现,地区间信任差异导致企业签约形式的显著不同。类似地,应用世界价值观调查(World Values Survey)所得多个国家和地区的社会信任平均分数的研究也表明,信任与诚实度的测量结果即使随着时间的推移仍保持稳定(Uslaner, 2002;Volken, 2002)。基于这些研究实践,我们选择"中国企业家调查系统"2000年问卷调查结果中的第一信任度,即一个地区的企业被认为最值得信任的比例(Trust),作为衡量非正式制度的重要指标。

正式制度。樊纲、王小鲁和朱恒鹏(2010)的《中国市场化指数》较为系统地量化了1997—2007年中国地区间制度差异与变迁过程,并被广泛应用于相关研究。我们从中选取相关指数,并结合高技术产业的样本特征,以2005—2007年三年均值设计了反映各省正式制度的如下七个指标。

(1) 政府干预程度(Gov_int):"企业主要管理者花在与政府部门和人员打交道的时间占其工作时间的比重"与高技术产业"科技活动经费中政府投入所占比例"的乘积。[1]

(2) 所有权分离程度(Own_dis):"非国有经济的发展"指数与高技术产业"科技活动经费中企业投入所占比例"的乘积。其中,"非国有经济的发展"指标综合反映了三个方面的指标:非国有经济在工业销售收入、全社会固定资产总投资中所占比重,以及非国有经济就业人数占城镇总就业人数的比例。

(3) 金融发展水平(Fin_dev):"金融业的市场化"指数与高技术产业中"科技活动经费中金融机构投入所占比例"的乘积。其中,"金融业的市场化"指数包括"非国有金融机构吸收存款占全部金融机构吸收存款的比例",以及"非国有企业在银行贷款占全部企业贷款的比重"。

(4) 地方保护程度(Loc_bar):各地抽样调查样本企业在全国各省区销售产

---

[1] 这里的科技活动经费中政府所占比例,以及后文所涉及的科技活动经费中企业、金融机构投入所占比例,均为作者根据《中国高技术产业统计年鉴》(2006,2007,2008)的数据计算得出。

品时遇到的贸易保护措施(涉及每个省区的陈述件数)与相应省区经济规模(GDP)之比。

(5)外商投资水平(For_inv):各地(含港澳台)外商投资占地方 GDP 的比重。

(6)司法公正与中介组织发育水平(Leg_jus):反映各地司法机构对生产者权益、消费者权益和知识产权的保护,以及中介组织的发育(包括律师事务所、会计师事务所等市场中介组织服务条件,行业协会对企业的帮助程度)等内容。

(7)劳动力灵活性(Lab_fle):将原有"外来农村劳动力占当地城镇从业人员的比重"替换为"科技人员总数占当地总人数比重"[①],反映当地高层次人才的供给水平。

(二)实证分析与结果

由于我们仅要求评分者比较自己熟悉的省份,且评分者各自认知与评价标准不尽相同,导致每位评分者所评价数量有所差异(3—30 分),各省得分均有高低(1—7 分)。为了消除各评分者所评数目与评价标准带来的潜在干扰,我们采用面板数据中的固定效应模型(Wooldridge,2002),来估计数据中可观测的变量对 CEO 管理自主权的影响,从而控制了评分者不可观测的效应。也就是说,我们将每位评分者对每个省份 CEO 管理自主权的评分作为因变量的一个观测变量(共 3 285 个),相应省份的 8 个制度指标数据作为自变量;应用固定效应回归分析方法来检验假设 6-1 至假设 6-8。并且,鉴于个别制度变量之间的相关系数超过 0.6,为了避免制度变量之间的交互效应掩盖各单个制度变量的真实效应(Crossland and Hambrick,2011),我们采用逐一回归的方法。

表 6.3 显示了管理自主权与制度因素的描述性统计和相关关系。除与政府干预程度(Gov_int)负相关外,CEO 管理自主权(Md)与地区企业间信任程度(Trust)、所有权分离程度(Own_dis)、金融发展水平(Fin_dev)、地方保护程度(Loc_bar)、外商投资水平(For_inv)、司法公正与中介组织发育水平(Leg_jus)及劳动力灵活性(Lab_fle)均显著正相关,初步验证了假设 6-1 至假设 6-8。

---

① 此指标由我们根据公开披露的数据计算得出。其中,"科技人员总数"来自《中国高技术产业统计年鉴》(2006,2007,2008);"当地总人数"来自《中国统计年鉴》(2006,2007,2008)。此指标亦为 2005—2007 年三年的均值。

表 6.3 制度变量与管理自主权的描述性统计和相关分析

变量	均值	标准差	1	2	3	4	5	6	7	8
1. Md[a]	4.151	1.579	—							
2. Trust[b]	2.730	5.075	0.386**	—						
3. Gov_int[b]	0.470	0.436	-0.118**	-0.106**	—					
4. Own_dis[b]	6.630	2.591	0.525**	0.487**	-0.297**	—				
5. Fin_dev[b]	0.483	0.438	0.180**	0.169**	-0.226**	0.149**	—			
6. Loc_bar[b]	10.330	0.464	0.268**	-0.046**	0.216**	0.416**	0.181**	—		
7. For_inv[b]	2.725	2.110	0.421**	0.479**	0.036*	0.602**	0.118**	0.110**	—	
8. Leg_jus[b]	5.935	2.789	0.533**	0.763**	-0.029†	0.712**	0.220**	0.336**	0.672**	—
9. Lab_fle[b]	3.186	3.797	0.424**	0.824**	0.049**	0.481**	0.113**	0.045**	0.625**	0.853**

注:a 表示 $N=3\,285$;b 表示 $N=30$;** 表示 $p<0.01$。

表6.4为固定效应回归的分析结果。假设6-1认为,更高的地区企业间信任水平与更大的CEO管理自主权相关。从模型1可见,信任水平与管理自主权显著正相关,从而支持了假设6-1。从正式制度来看,模型2的结果支持了假设6-2,即:更大的政府干预与更小的管理自主权相关。假设6-3至假设6-8分别认为,更高的所有权分离程度、金融发展水平、地方保护程度、外商投资水平、司法公正与中介组织发育水平以及劳动力灵活性,均与更大的CEO管理自主权相关。这些假设在模型3至模型8中逐一得到初步验证。

表6.4 区域制度对CEO管理自主权的影响:固定效应回归

变量	模型1	模型2	模型3	模型4	模型5	模型6	模型7	模型8
Constant	3.808**	4.366**	2.017**	3.840**	−5.132**	3.261**	2.367**	3.555**
	(0.028)	(0.038)	(0.062)	(0.039)	(0.564)	(0.040)	(0.052)	(0.032)
Trust	0.107**							
	(0.004)							
Gov_int		−0.442**						
		(0.058)						
Own_dis			0.313**					
			(0.008)					
Fin_dev				0.642**				
				(0.060)				
Loc_bar					0.898**			
					(0.055)			
For_inv						0.308**		
						(0.011)		
Leg_jus							0.287**	
							(0.008)	
Lab_fle								0.165**
								(0.006)
F	590.46**	58.65**	1369.29**	116.21**	271.73**	746.91**	1423.73**	752.46**
Within-R^2	0.158	0.018	0.304	0.036	0.08	0.192	0.312	0.193

注:$N=3285$;** 表示$p<0.01$;括号中为标准误。

如表6.5所示,为了检验上述回归结果结论的可靠性,我们将管理自主权的30个均值作为因变量,使用上述制度指标逐一对其进行OLS回归。此外,还以所有制度变量对3285个CEO管理自主权评分值分别进行了OLS和固定效应回归分析。

表 6.5 地区制度环境对 CEO 管理自主权均值与评分值的回归

变量	CEO 管理自主权均值,OLS									评分值,FE	评分值,OLS
	(1)	(2)	(3)	(4)	(5)	(6)	(7)	(8)	(9)	(10)	(11)
trust	0.118**								0.007	0.005	0.007
	(0.028)								(0.024)	(0.008)	(0.008)
gov_int4		−0.371							−0.216	−0.157†	−0.164*
		(0.407)							(0.185)	(0.063)	(0.067)
loc_pro4			0.950*						0.444*	0.411*	0.412*
			(0.344)						(0.202)	(0.071)	(0.076)
int_law4				0.298**					0.085	0.083*	0.08*
				(0.031)					(0.064)	(0.021)	(0.023)
fin_dev4					0.625				0.161	0.174*	0.176*
					(0.394)				(0.153)	(0.054)	(0.058)
lab_fle4						0.175**			0.041	0.043*	0.042*
						(0.034)			(0.041)	(0.014)	(0.015)
own_dis4							0.316**		0.129*	0.14*	0.138*
							(0.036)		(0.046)	(0.016)	(0.017)
for_inv4								0.317**	0.08†	0.06*	0.061*
								(0.061)	(0.045)	(0.016)	(0.017)
Constant	3.747**	4.242**	−5.748*	2.297**	3.766**	3.512**	1.972**	3.204**	−2.222	−1.915*	−1.904*
	(0.159)	(0.261)	(3.560)	(0.206)	(0.257)	(0.169)	(0.253)	(3.209)	(1.841)	(0.645)	(0.691)
Obs.	30	30	30	30	30	30	30	30	30	3 285	3 285
F	18.17**	0.83	7.62*	90.40**	2.52	26.28**	79.29**	27.32**	28.66**	233.22**	208.52**
R^2	0.394	0.029	0.214	0.764	0.083	0.484	0.739	0.494	0.916	0.373	0.337

注:** 表示 $p<0.01$,* 表示 $p<0.05$,† 表示 $p<0.1$;括号中为标准误。

结果显示,除地方政府干预程度(Gov_int)与地区金融发展水平(Fin_dev)和当地 CEO 管理自主权的回归系数不显著但符号仍与假设方向相同外,其余对应关系皆与前述应用管理自主权评分值作为因变量的分析结论一致,从而显示出本研究研究结论的稳健性。很明显,相比 3 285 个自主权评分值的大样本数据,仅用 30 个自主权均值的小样本回归分析,掩盖了相关制度指标与自主权之间的客观联系。此外,我们还使用所有制度变量作为自变量,各省自主权均值或评分值作为因变量,分别进行 OLS 与固定效应回归。此处所得分析结果与前述逐一回归结果相比,证明制度变量之间的确存在交互效应,从而进一步显示出逐一固定效应回归技术路线的科学性。

四、研究 2:管理自主权与企业风险承担

研究 1 探讨了区域制度环境作用于当地企业 CEO 的具体机制,验证了制度的重要性。那么,CEO 是否就只能受制于外部制度而无所作为?为了回答这一问题,我们通过研究 2,来揭示 CEO 管理自主权对企业创新与国际化战略及绩效的影响。

(一)研究方法

1. 样本选择

根据国家统计局的分类,高技术产业包括 8 类行业。由于数据限制,我们仅选择医药制造业、航空航天制造业、电子及通信设备制造业、电子计算机及办公设备制造业、医疗设备及仪器仪表制造业等 5 类行业 2005—2007 年间累计 58 173 家观测企业。①

2. 变量测量

如假设提出中所述,我们使用企业国际化与创新两个指标来反映企业风险

---

① 除此之外,高技术产业还包括核燃料加工、信息化学品制造和公共软件服务。参见高技术产业统计分类目录,http://www.stats.gov.cn/tjbz/t20061123_402369836.htm。

承担的战略选择。战略选择与结果的相关数据来自国家统计局、国家发展和改革委员会、科学技术部编制的《中国高技术产业统计年鉴》(2006,2007,2008)。并且,为了匹配 CEO 管理自主权的分析层次,我们选择了已合并到省份层次的企业风险承担与绩效指标数据(亦为 2005—2007 年三年均值)。

(1) 企业国际化(Inter):企业出口值占主营业务收入比例。

(2) 企业创新:企业研发内部支出占当年价固定总资产比例(Innov1);企业研发内部支出与企业科技人员人数之比(Innov2)。

(3) 绩效(Performance):主营业务收入与企业从业人数之比,即人均产能。

(二) 实证分析与结果

与研究 1 类似,我们采用省份层次的高技术企业国际化、创新与绩效三个方面的四个指标作为因变量,相应省份的 CEO 管理自主权 3 285 个评分值作为自变量,使用固定效应回归分析来检验 CEO 管理自主权的主效应与中介效应(假设 5-9、假设 5-10)。

假设 5-9 认为,更大的 CEO 管理自主权与更高的企业风险承担能力及绩效水平相关。表 6.6 中的固定效应回归结果显示,CEO 管理自主权与企业国际化(模型 9)、创新(模型 10 和模型 11)及绩效(模型 12)均显著正相关,从而验证了假设 5-9。

表 6.6 CEO 管理自主权对企业风险承担的影响:固定效应回归

变量	模型 9 Inter	模型 10 Innov1	模型 11 Innov2	模型 12 Performance
Constant	-0.048**	0.012**	0.641**	0.002**
	(0.010)	(0.001)	(0.245)	(0.000)
Md	0.075**	0.005**	1.755**	0.001**
	(0.002)	(0.000)	(0.056)	(0.000)
F	1 088.89**	503.90**	1 000.07**	392.79**
Within-R^2	0.257	0.138	0.242	0.111

注:$N=3285$;** 表示 $p<0.01$;括号中为标准误。

进一步,我们运用 Sobel 检验(Baron and Kenny,1986;Sobel,1982),考察了 CEO 管理自主权对制度前因与企业风险承担及绩效关系的中介效应。在对 8 种制度指标与 4 种企业战略过程及结果指标进行的 32 项 Sobel 检验中,政府干预程度(Gov_int)与企业绩效(Performance)(Sobel 系数 = -0.0002,Z = -6.443,P < 0.01)、地方保护程度(Loc_bar)与人均研发投入(Innov2)(Sobel 系数 = 1.446,Z = 14.01,P < 0.01)两对关系被完全中介;所有权分离程度(Own_dis)与企业绩效未被中介;其余均被部分中介。由此,假设 6-10 得以初步验证。

五、稳健性检验

制度指标的选择与测量,对本研究假说的验证至关重要。为此,我们选择不同来源的制度数据,对前述实证研究结果的稳健性进行检验。

(一)研究方法

1. 样本选择

有关制度数据来自 2005 年世界银行联合中国国家统计局对全国 30 个省 120 个城市 12 400 家企业开展的"企业投资与经营环境调查"。除了城市层次的宏观数据,本次调查还收集了企业层次的微观数据。其中,北京、天津、上海、重庆四个直辖市抽样调查了 200 家企业,其余城市各抽样调查了 100 家企业。这些企业中,8% 为国有控股企业,28% 为外资企业,64% 为非国有企业。本研究选取企业所处省份的省会(自治区首府)城市的相应制度指标,替换前述研究中该省级行政单位的相应制度指标。

2. 变量测量

非正式制度。Gusio、Sapienza 和 Zingales(2004)的研究设计表明,自愿献血率与信任一样,可用以度量一定时期内各省的社会资本存量。① 沿用张俊生和曾亚敏(2005)的研究,我们采用 1999 年各省自愿献血率的自然对数(Trust1),来检验信任这一非正式制度指标的稳健性。

正式制度。 除"地方保护程度"缺乏对应指标外(假设 6-5),我们选取世界银行(2007)如下六个正式制度指标,检验 CEO 管理自主权的制度前因及其中介效应的稳健性。

(1)政府干预程度(Gov_int1):调查询问企业与四家主要政府机构(税务局、公安局、环保局、劳动与社会保障局)打交道的时间。

(2)非国有经济发展水平(Own_dis1):非国有经济在当地总体经济中所占的比重。

(3)金融发展水平(Fin_dev1):调查询问企业获得银行借贷的可能性。

(4)外商投资水平(For_inv1):根据外商(含港、澳、台商)对当地直接投资水平计算的指数。

(5)司法公正程度(Leg_jus1):企业主感受的产权保护水平。

(6)劳动力灵活性(Lab_fle1):询问企业如果裁员不涉及任何处罚,它们认为其冗员比例是多少。这是一个负向指标:冗员度越低,则表明劳动力市场越灵活。

(二)实证分析与结果

表 6.7 中的描述性统计与相关分析结果表明,自愿献血量(Trust1)、政府干预程度(Gov_int1)、金融发展水平(Fin_dev1)、外商投资水平(For_inv1)、司法公正程度(Leg_jus1)与劳动力灵活性(Lab_fle1)等六种新制度指标与 CEO 管理自主权的关系,均与研究 1 的结果保持一致,初步验证了假设 6-1、假设 6-2、假设 6-4、假设 6-6、假设 6-7、假设 6-8。我们注意到,非国有经济发展水平(Own_dis1)与 CEO 管理自主权显著负相关。我们将在接下来的固定效应回归结果呈现后,讨论可能的原因。

---

① 有关献血与信任之间的关系,可参见韩柳洁:"多地连遭'血荒'信任危机被指推高采血难度",《人民政协报》,2011 年 11 月 14 日。

表 6.7 新制度指标的描述性统计与相关关系

	均值	标准差	1	2	3	4	5	6	7
1. Md[a]	4.151	1.579	—						
2. Trust1[b]	10.330	1.536	0.234**	—					
3. Gov_int1[b]	0.048	0.016	-0.130**	0.081**	—				
4. Own_dis1[b]	0.653	0.119	-0.344**	-0.235**	-0.242**	—			
5. Fin_dev1[b]	0.581	0.125	0.170**	0.452**	0.152**	-0.178**	—		
6. For_inv1[b]	0.143	0.121	0.507**	0.214**	-0.137**	-0.766**	0.103**	—	
7. Leg_jus1[b]	0.573	0.156	0.233**	0.446**	-0.340**	-0.061**	0.566**	0.195**	—
8. Lab_fle1[b]	0.034	0.017	-0.303**	-0.043**	0.495**	-0.113**	-0.140**	-0.415**	-0.462**

注：a N = 3 285; b N = 30; ** 表示 p < 0.01。

表 6.8 为固定效应回归分析结果。模型 13 显示,地区的自愿献血量与当地 CEO 管理自主权显著正相关,从而验证了假设 6-1 中信任程度与管理自主权的正相关关系。正式制度方面,假设 6-2 认为:更大的政府干预程度与更小的管理自主权相关。这在模型 14 中得到验证。相应地,模型 16、模型 17、模型 18 中的回归分析结果,则分别验证了地区金融发展水平、外商投资水平、司法公正程度与 CEO 管理自主权正相关,由此支持了假设 6-4 至假设 6-7。模型 19 中的结果表明,企业冗员率越低(即劳动力灵活性越高),则其 CEO 管理自主权就越大,进一步验证了假设 6-8。

表 6.8 新制度变量对 CEO 管理自主权的影响:固定效应回归

变量	模型 13	模型 14	模型 15	模型 16	模型 17	模型 18	模型 19
Constant	1.655**	4.796**	6.994**	2.912**	3.177**	2.803**	5.086**
	(0.180)	(0.084)	(0.136)	(0.128)	(0.036)	(0.098)	(0.056)
Trust1	0.241**						
	(0.017)						
Gov_int1		−13.48**					
		(1.674)					
Own_dis1			−4.410**				
			(0.207)				
Fin_dev1				2.115**			
				(0.213)			
For_inv1					6.371**		
					(0.181)		
Leg_jus1						2.344**	
						(0.165)	
Lab_fle1							−28.23**
							(1.497)
F	195.88**	64.84**	454.71**	98.34**	1 237.09**	203.06**	355.62**
Within-R^2	0.059	0.02	0.126	0.03	0.283	0.061	0.102

注:$N = 3\ 285$;** 表示 $p < 0.01$;括号中为标准误。

此外,模型 15 中的回归结果显示,地区的非国有经济发展水平与 CEO 管理自主权负相关。这与所提假设及研究 1 中的结论不相一致。我们推测,与樊纲、王小鲁和朱恒鹏(2010)的省级非国有经济发展水平指标相比,用世界银行(2007)调查所得的省会或自治区首府的非国有经济发展水平数据代替全省指标,可能在某种程度上低估了各省非国有经济的实际发展水平。

类似研究2,我们再次运用Sobel检验检验了CEO管理自主权的中介效应。Sobel检验结果显示:地区信任程度(Trust1)与企业绩效(Sobel系数=0.0001,$Z=11.17$,$P<0.01$),政府干预程度(Gov_int1)与企业国际化水平(Sobel系数=-0.8915,$Z=-7.301$,$P<0.01$),司法公正程度(Leg_jus1)与人均研发投入(Innov2;Sobel系数=3.8157,$Z=12.49$,$P<0.01$),以及企业绩效(Performance;Sobel系数=0.0012,$Z=11.13$,$P<0.01$)等四对关系被CEO管理自主权完全中介;其余制度前因与企业风险承担及绩效的关系均被部分中介。CEO管理自主权的中介效应由此得以确认。

六、结论与启示、局限与未来研究方向

(一) 结论与启示

本研究表明,宏观的区域制度环境作用于微观组织战略与结果的路径,首先通过影响组织中的关键个体(CEO)来实现。也就是说,地区之间制度环境的差异,将导致CEO管理自主权大小程度的差异,并进而影响组织战略选择与绩效。

我们对CEO管理自主权与企业战略选择及结果关系的研究,证实了CEO对于企业生存与发展的重要作用;对区域制度环境与CEO管理自主权关系的研究,则回答了CEO何时重要的问题。由此,本研究调和了制度学派与组织生态理论的对立主张,并阐明了制度企业家的形成机制。对CEO管理自主权中介效应的研究,通过连接区域制度与企业战略,有效打破了宏观与微观研究领域之间的隔阂。并且,CEO管理自主权的适用范围由市场经济体拓展开来,对未来研究转型经济体内部的地区差异提供了全新视角。

在宏观制度环境作用于微观个体的具体机制上,有些制度会促进CEO自主权的发挥。比如,较高的信任水平,以及较好的地区金融发展水平、司法公正与中介组织发育水平,都有利于 CEO 管理自主权的增加。并且,更高的 CEO 管理自主权将有助于企业承担风险进而获取超额利润。因而,对高技术企业来说,选择有利于 CEO 获取更大管理自主权的地区作为母公司所在地,将可能获得更好的经营绩效;就政府而言,建设稳定和谐的社区、改善政府治理、建设金融基础设施、完善司法体系建设、发挥媒体作用并引导消费者协会等中介组织的成长(李涛,2004,2006;李涛等,2008),以及提高社会信任的水平,以增大企业 CEO 管理自主权,是实现经济与社会协调发展的必由之路。

需要指出的是,地方保护也有利于当地企业 CEO 管理者自主权的增大。中国的地方政府,哪怕是街道一级政府,都是强势政府(李健,2011)。地方政府官员政治晋升锦标赛的驱动(周黎安,2007),以及部分企业或被逼无奈或投其所好,都促成了政商之间的权力交易。对企业而言,获取当地政府的支持固然重要,但这种管理自主权的增加以牺牲统一市场的形成为前提,并不利于长期发展。从中央政府来看,从制度层面营造地区间协调有序的竞争关系,打破地区之间的贸易壁垒,一方面需要进一步推进完善中央与地方财政分权制度改革,加快地区基本公共服务的均等化与转移支付的法制化进程,打破数量型增长的政绩观(沈坤荣、付文林,2006);另一方面可以通过采用不同的政绩考核方法,或在相同的政绩考核方法下采取不同的措施,来提高市场整合的程度,进而促进全国统一大市场的形成(皮建才,2008)。

我们还注意到,政府干预会制约 CEO 管理自主权的发挥。我们常说"国际化是一把双刃剑",就是因为它一方面有利于地方经济的发展,另一方面也容易导致资本出逃的风险(如自 2012 年以来发生的温州资本外逃事件)。当 CEO 自主权受到外部环境的制约时,企业就会倾向于通过将业务向外扩展(如实现国际化),来增加与当地政府角力过程中的话语权。为此,我们建议地方政府进一步转变职能,多提供服务、少实施干涉,为企业经营活动营造良好的条件。

并且,就地区或企业的劳动力灵活性对 CEO 管理自主权的效应而言,研究 1 与稳健性检验的结果分别显示:CEO 管理自主权与区域劳动力供给水平正相关,但与企业内部的冗员程度负相关。也就是说,CEO 管理自主权在客观上受到外部制度环境与企业内部治理结构的双重作用。这也为我们将来在企业层次研究 CEO 管理自主权的内部决定因素提供了启示。

此外,所有权分离程度对 CEO 管理自主权的作用不甚明朗。研究 1 表明,地区非国有经济的发展水平会增进 CEO 管理自主权；而稳健性检验结果则显示，非国有经济的发展会降低 CEO 管理自主权。这可能是由于样本选择的差异，也有可能出于指标选择的分歧。这也为我们将来进一步探索"国进民退"或"国退民进"的制度选择效应提供了有利契机。

（二）局限与未来研究方向

首先，尽管本研究的地区研究层次决定了我们无须考察传统上单个企业及其所属行业因素的影响，但我们清楚地意识到：就单一企业而言，尤其是在中国情境下，CEO 管理自主权还会受到企业产权性质的影响。故未来研究可在企业层次，进一步比较国有、民营、外资及合资等不同所有制性质对 CEO 管理自主权差异的影响。

其次，我们的实证研究只考察了一种非正式制度（即信任）对 CEO 管理自主权的效应。事实上，华人社会的文化传统，如圈子、人情、面子及关系导向等因素，都会潜移默化地影响嵌入其中的 CEO 的管理自主权。未来研究亦可致力于开发华人文化情境下的多种非正式制度，考察它们与正式制度的交互效应以及对 CEO 管理自主权的影响。

再次，CEO 管理自主权对区域制度环境与企业战略选择及结果的中介效应，是连接宏观与微观的有益探索。未来研究可结合我们调查获取的中国 30 个省 CEO 管理自主权的量化指标，进一步探索它对其他商业现象乃至区域经济发展差异的预测效力。

最后，作为管理自主权的第四种来源，生产经营活动中的"管理者活动"（Managerial Activities）值得未来研究进一步探索（Finkelstein and Peteraf, 2007; Chang and Wong, 2003）。比如，考察 CEO 在人事、生产、投资等方面的自主权，如何受制于企业外部制度环境与内部治理机制，并对企业战略选择及绩效产生何种效应，都将是十分有趣并且有潜力的研究课题。

第七章　国民钢笔：管理自主权如何平衡有形与无形之手*

曾几何时,风光无限、身价亿万的"英雄"钢笔,写出了几代人骄傲的笔墨人生;然而斗转星移,谁曾料想,它甚至一度不得不"为五斗米折腰";全面深化政府改革的号角能否助力企业负责人运用管理自主权,平衡有形与无形之手,实现凤凰涅槃般重生?

溯源于1931年10月的英雄笔厂(下称"英雄"),是中国制笔业最具规模的专业制造公司之一。随着业务的不断扩展,它已从单一的自来水笔(俗称钢笔)生产工厂,发展成多种笔类的生产兼销售型企业。"英雄"不仅是一个历史悠久的民族品牌,更是中国近代工业的缩影,承载了几代国人的光荣与梦想。然而,情结归情结,市场归市场。政府的强势主导、市场的激烈竞争,以及企业领导者责任意识与经营才能的波动,使得"国民钢笔"的命运跌宕起伏。直到2012年11月,它欲以250万元人民币"贱卖"49%股权的消息经新闻媒体报道后,一石激起千层浪,并最终在争议声中偃旗息鼓。梳理"英雄"的发展历程,并从中分析政府、市场、企业及其企业家等多重主体的作用与行为模式,对于正确处理政府与市场关系、推动民族品牌健康发展、探索转型条件下制度企业家的成长机制,具有积极的现实意义。

---

* 本章原文以"'英雄'的盛与衰"为题,发表于《管理学家(实践版)》2014年第8期。感谢合作者舒燚女士同意我们收录于此。

一、国运兴衰与行业波动中的企业轨迹

（一）战乱频仍，短暂春天

19世纪末,中国自来水笔市场为美、日等国垄断。1926年,中国第一家自来水笔生产企业——国益笔厂创立。1931年,周荆庭与人合股,以1.5万银元创办"英雄"前身——华孚金笔厂,生产"新民""华孚"牌金笔。1935年,国民政府发起"国民经济建设运动",提倡国货、抵制洋货,"新民"被列为最优等金笔。1937年1月,华孚成立股份有限公司,资金增至20万元,与国益、关勒铭、金星和大众一起,成为上海乃至中国自来水笔工业的先驱。

然而好景不长,日本全面侵华再次打断了中国的现代化进程,企业命运岌岌可危。1937年"八一三"事变爆发,华孚部分厂房被日军炸毁。次年,利用抢救出来的机器和原料,该厂在上海租界区恢复生产,并改由周荆庭独资经营,后于1940年上半年收购倒闭的大众制笔厂。到20世纪40年代,华孚已发展成中国首屈一指的制笔大厂,与博士、关勒铭、金星并称"上海四大名笔"。1941年年底太平洋战争爆发后,日军侵占上海租界。外贸中断与内地运输困难,加上通货膨胀,包括华孚在内的上海制笔企业再次陷入困境。

直到抗战胜利后,对制笔业威胁最大的日货被赶出中国市场,加之后方因8年抗战而货源枯竭,纷纷到上海进货,需求剧增促成了上海的自来水笔厂相继复产、扩展。1946年8月,华孚向国民政府经济部标购竞争对手——三乐自来水笔厂的全部厂基及设备,并于次年5月改组成股份有限公司,资本增至3亿元,职工达142人,扩大了生产规模。不幸的是,才御外侮,又爆内战,时局再让民族企业陷入风雨飘摇之中。1948年8月后,物价一日数涨,工厂卖出的成品补不进原料,造成大部分笔厂减产,甚至停工,加上美货倾销,上海制笔业又一次陷入困境。截至1949年中华人民共和国成立前夕,全行业只剩8家金笔厂和30余家钢笔厂。

（二）政权更迭，改造发展

中华人民共和国成立初期，国内对金笔的需要量大增，加上外货自来水笔停止进口，为金笔发展创造了条件。政府对资本主义工商业采取"利用、限制、改造"的政策，通过对私营企业"出资收购、批准内迁、开设分厂、私私合并、产品商业部门收购、包销"等方式，迅速扩大了中国制笔业的规模。然而，伴随形势的好转，私营制笔企业出现盲目发展。至1954年，金笔厂从8家发展到36家，钢笔厂从30多家发展到254家，导致产大于销，库存增加，部分笔厂因此停工、停薪、停伙。是年，大来机器厂并入华孚。为解决上述困难，1955年2月，国家地方工业部会同商业部召开"全国金笔、钢笔、铅笔专业会议"（简称"三笔"会议），对制笔业实行计划安排和改组改造；次月，根据"三笔"会议精神，绿宝、大同两家金笔厂并入华孚；年底，上海制笔业已实现全行业公私合营，通过裁并改组，为实行专业协作生产打下了基础。而早在1951年8月，华孚就申请了公私合营，并于同年10月获批，公私股各半。

1958年开始的"大跃进"运动中，全国各主要省市纷纷建立自己的制笔厂。在此背景下，华孚掀起"英雄赶派克"热潮，仿制1941年推出的"派克51型"，用9个月研制成"英雄100型"金笔，并号称12项技术指标中的11项均超过了派克，甚至被拍成艺术片《英雄赶派克》。尽管根据现有资料，我们未能发现"英雄"在此过程中有何直接损伤，甚至创造了所谓赶超派克的"奇迹"。但是，这种急于冒进带来的资源浪费，直接导致了三年自然灾害期间（1959—1961）制笔行业的普遍原料短缺，计划产量缩减，供应困难，制笔业有所萎缩。根据当时的国家轻工业部的要求，各地制笔企业归属、合并、调整，相继成立了制笔公司。1966年"文化大革命"爆发后，制笔业中的公私合营企业均改为国营企业，并按行政划归，还有一部分笔厂按上级指示相继转行。同年8月，华孚创始人周荆庭在上海逝世。不到两个月后，华孚正式更名为国营英雄金笔厂。在长达10年的"文化大革命"期间，"英雄"在新产品开发、技术进步等方面进展缓慢，产品质量明显下降。

（三）改革开放，蒸蒸日上

20世纪80年代初，改革开放正式启程。"英雄"提出"二赶派克"的口号，设计出业界闻名的"英雄200型"金笔。1982年,美国派克公司派团到"英雄"谈判合作与合资,并授予英雄笔厂在国内生产及销售"派克笔"的资质。是年,尽管"英雄"试制出第一批"派克45型"铱金笔,借机掌握了先进的技术和工艺,此后却以"坚持自主创业"为由,拒绝与派克合作。

1984—1990年间,中国民营与国营制笔厂并存。"英雄"对主营产品结构进行了一次较大调整,由中低档转向中高档。在提升产品内在质量的前提下,新品产值率始终保持在45%左右,同时瞄准国际市场,向国际名牌进军。到20世纪80年代末,"英雄"在国内已占据70%以上的市场份额,稳坐业界头把交椅。至1990年,与永生金笔厂一起,成为制笔业仅有的三家国家一级企业之一。彼时,"英雄"被誉为"国民钢笔",在国内外均享有较高声誉,成为中国钢笔行业的形象代表。自20世纪80年代起,英雄金笔先后被用于多种重要文件的签署,如1984年《中英联合声明》、1987年《中葡联合声明》,以及2001年《上海合作组织成立宣言》和《中华人民共和国加入世界贸易组织议定书》等。

(四)国退民进,日薄西山

1990年开始的近十年中,中国国有企业改革进入突破期。与此同时,合资、合作、独资形式的制笔企业,相继在江苏、浙江与广东等沿海省份开花结果。民营企业的迅速发展,暴露了国有企业的体制与机制弊端。经营几十年的民族品牌相继退出市场,制笔业开始重新洗牌。1999年永生倒闭后,品牌被并入"英雄"并被封存。

为挽救颓势,"英雄"在政府主导下改制为股份制企业,于1992年10月上市发行A股股票,并于次年8月在B股市场上市。1996年,公司半年总资产为7.03亿元,净资产高达3.72亿元,实现重新崛起。然而,政府主管部门开始强行"拉郎配",主导了"英雄"的多起并购。同时,公司启动了多元化战略,投资煤气厂、钢琴厂,甚至进军房地产业。快速的多元化扩张使得公司投资过度分散,高额的财务费用侵蚀了相对健康的制笔板块的资金流,加速了企业衰败。

1999年,"英雄"主营业务开始出现亏损,依靠年底变卖资产实现扭亏为盈。2001年左右,公司业绩下滑严重,不得不淡出资本市场。自此,它已再无资金和精力建设自己的品牌及渠道,亦无力通过投入研发与设备提高技术门槛,也就无法逃避被"山寨"的噩运。甚至,公司在20世纪90年代中后期曾迫于经营压力,开始为江苏、浙江的民营制笔厂代工。从那时起,江西和浙江的一些民营制笔厂开始崛起,不断挤占"英雄"原有的市场份额——其原本最为强势的金笔所占国内市场的份额,到2006年时已下滑至3%左右。其自身甚至亦一度陷入山寨德国名牌凌美(LAMY)外观设计的丑闻中(《东方早报》,2013年7月26日)。

(五) 二次创业,功败垂成

如果把"英雄"的落寞简单归咎于中性笔对钢笔的替代,以及电脑键盘对传统书写方式的取代,那同样处于"萎缩"市场的派克、万得龙、豪利来等外资、民营企业又为何生龙活虎?基于上述反思,同属上海普陀区国资委的独资企业海文集团于2003年购买了"英雄"的存货和设备,并于2005年买下"英雄"等制笔商标。2006年,这家由上海墨水厂和上海长城精细化工厂合并而成的企业,正式改名为上海英雄(集团)有限公司,并提出"二次创业"口号,计划通过"高端金笔与跨国公司合作,低端中性笔包给国内民营企业"的"两手抓"思路,降低赢利预期以扩大市场份额。2007年后,主动介入礼品市场,为集团客户定制礼品笔。然而,此次"二次创业"并未受到市场认可,"英雄"从2004年开始明显走下坡路:当时员工1 200多人,两年后裁员600多人,再过三年又有400多人下岗,到2012年只剩不足150人。根据上海联合产权交易所的挂牌信息,公司2011年营业收入约3 779万元,净利润亏损472万元,同比分别下降13%及200%;到次年10月31日,亏损额更攀升到823万元。

面临久亏的压力,2012年11月19日,"英雄"在上海联交所挂牌,欲以250万元的价格转让公司49%的股份。戏剧性的是,次年2月1日,公司以"企业改制的战略环境发生重大变化,以及对意向受让企业的实力和诚意没有足够信心"为由,终结了这场股权转让。据《新闻晚报》的"内部消息","英雄"股权拍卖的初衷,是希望在商标、土地不进入的情况下,通过股权转让引入民营企业机制和资金,实施多元化改革和开放式重组,却未曾料想引来众多口舌,只能草草收场。股权转让失败后,时任董事长史惟康透露,普陀区计划以英雄集团为母体,纳入包装集团和塑料公司,推进制造业板块的三家国有企业重组,实现优质资源整合,做大做强主业。在政府主导下,"英雄"将根据其所在地面临动迁的实际情况,推进"两头在沪,中间在外"的发展策略,并计划将生产基地外迁。

二、政府的有形之手:把握有度

在"英雄"的历史中,政府的有形之手均对其创立、生存与发展起到重要作用。经历社会主义改造尤其是"文化大革命"之后,"英雄"的国有性质,既为其获取政府支持提供了近水楼台的便利,又为其遭受政府干预埋下了理所当然的伏笔。当然,亦为我们全面认识政府作用提供了样本。在中国当前仍处于从计划向市场转型的大背景下,如何把握政府的有形之手,已经成为企业及其战略领导面临的重要课题。

(一)有形之手的双重效应:支持与干预

1. 作为支持之手,提供稀缺资源

初创时期,"英雄"前身——华孚等民族制笔企业,把握国民政府"提倡国货、抵制洋货"营造的良好环境,获得了政府的第一次支持,顺势而起。打败日本侵略者后,华孚借机以优惠价格标购地产,实现了生产规模的扩大。解放初期,政府对资本主义工商业采取"利用、限制、改造"的政策,迅速扩大了民族制笔业的规模;紧随其后的制笔工业无序竞争的乱象,亦在"三笔"会议后得以矫正。改革开放后,"英雄"又被奉为"国民钢笔",用以在多个国际场合签署重要文件。20世纪90年代,国有企业改革进入突破期、英雄陷入颓势后,又在政府支持下得以上市融资,一时缓解了资金短缺的困难。可见,对于企业而言,寻求政府支持而非对抗,既无可厚非又至关重要。

2. 作为干预之手,阻碍企业发展

"大跃进"年代,在政府鼓动下,各地一拥而上,大建笔厂,由此带来巨大的资源浪费,在一定程度上导致了三年自然灾害期间全行业原料的普遍短缺。改革开放初期,"英雄"通过改制上市重新崛起后,又在政府强力主导下实施无关多元化,以致现金流被大量挤占、衰败加速;直到 2013 年,公司欲借挂牌上海联合产权交易所之机引入民间资本,却因"引来口舌"而被地方政府主管部门叫停,不得不加入其主导下的新战略。可见,在中国,政府一直是企业外部经营环境中最重要的因素之一。

(二)政府改革方向与企业把握之策

回顾"英雄"成立至今八十余载的风雨历程,政府的功过可谓一言难尽。十八届三中全会《关于全面深化改革若干重大问题的决定》有两大突破:一是"处理好政府和市场的关系,使市场在资源配置中起决定性作用和更好发挥政府作用";二是"积极发展混合所有制经济"。具体就"英雄"来说,我们认为,政府可以从两个方面更好地发挥作用:其一,发挥政府作用,改革企业领导者的选拔方式与激励机制,赋予其经营自主权。我们看到,正是第一代领导者周荆庭对市场机遇与时局大势的精准把握,以及果断勇敢的冒险意识,才有了此后"英雄"从无到有乃至蓬勃发展。然而在此之后的"英雄"发展史上,我们再难看到如此有胆有识的接棒者。因此,在国有企业领导者的选拔任用上,政府主管部门应尽快引入市场化的选拔机制;在考核机制上,应更多强调企业领导者对企业、员工和市场负责,而非仅凭对上负责就能升迁;在日常经营中,应减少干预,赋予企业及其领导者更多的管理自主权。其二,应允许"英雄"重启民营资本引进,发展混合所有制,改进内部治理结构,使"国有资本、集体资本、非公有资本等交叉持股、相互融合",实现"国有资本放大功能、保值增值、提高竞争力"以及"各种所有制资本取长补短、相互促进、共同发展"。

对于企业而言,其在处理与政府的关系时应注意两点:第一,企业应意识到,寻求政府支持固然重要,但它有如"温水煮青蛙",若过于依赖,而忽略打造核心竞争力,则市场一旦放开,恐难免遭受灭顶之灾;而中国加入世界贸易组织后,市场不断开放是毫无疑问的大趋势。第二,我们说企业应避免与政府冲突,但这并不意味着企业高管就应甘于"在商言商"、无所作为。相反,制度企业家应致力于发挥管理自主权,实现企业内部整合与外部适应的双向提升,推动企业乃至整体经济发展,进而倒逼宏观制度变革。

宏观制度环境、CEO管理自主权与微观企业行为

三、市场的无形之手：拿捏有道

当然，"英雄"的盛衰不能全部归咎于有形之手，市场无形之手的作用也不容小觑。无论是以技术创新来最大化满足消费者需求，还是平衡竞争与合作关系，"英雄"都没有展现出其应有风范。我们认为，面临制度环境的约束，"英雄"所代表的民族品牌、国有企业，应内外兼修，推动自身的转型升级。

（一）内部整合：注重技术创新

"英雄"发展史上的技术创新可谓乏善可陈。曾一度轰轰烈烈的"英雄赶派克"发生于"大跃进"时期，"12项技术指标中有11项均超过派克"的成就有多大可信度，自然见仁见智。改革开放初期，"英雄"获得为派克试制钢笔之机，却为掌握了对方的一些技术和工艺而沾沾自喜，足见其技术革新上的裹足不前。对此，公司的大事年表如是表述："是年，美国派克公司派人来考察，要求'英雄'厂按照派克质量要求进行定牌生产。工厂试制出第一批'派克45型'铱金笔。后来虽未达成协议，但使英雄厂掌握了先进的技术和工艺。"20世纪90年代，无关多元化的资金拖累，使其研发投入有心无力；2013年，其对德国品牌的山寨，更印证了其技术发展上的穷途末路。我们认为，转型国家的企业要打造核心竞争力，首先应聚焦主营业务、归核化发展，着力实现基于模仿的创新，并在此基础上逐渐加大研发投入、实现自主创新。

（二）外部适应：培育竞合关系

如果说"英雄"以"坚持自主创新"为由而拒绝与派克合作，在某种程度上反映了所谓的民族气节而不是盲目自大，还值得给予一丝赞赏；如果说在"国退民进"的浪潮中节节败退，甚至沦为民营制笔企业代工厂，尚可施予一点同情；那么，面对曾经同为三家仅有的"国家一级企业"的兄弟企业——"永生"的倒下，"英雄"将其并入后从此"雪藏"不再生产的行为，恐怕就要让人对企业决策者的

胸襟贻笑大方了。尽管"二次创业"阶段,"英雄"已开始主动与民营企业和外资企业开展合作,但无奈此时大势已去。因此,中国国有企业的管理者们似乎应该意识到,当今世界,竞合(Co-opetition)已成为企业间关系的主流。除了拥有出色的政治技能,他们更应开阔眼界、开放心态,如此方能引领企业不断超越自我、追求卓越。

  从更宏大的视野来看,"英雄"的发展历程反映出,企业盛衰总是与国家兴亡休戚相关。以"英雄"为代表的民族企业,能否发挥制度企业家的管理自主权,平衡有形与无形之手,突破行业发展局限,实现东山再起?我们期待,这家已连续17年荣获"上海市著名商标"的老国有企业,能借上海自贸区的东风,实现"使英雄品牌成为中国文化办公用品领域首屈一指的名牌,英雄产品成为代表中国制造的名品,英雄集团成为有号召力的行业名片"的企业愿景,在中国经济崛起过程中,以"国民钢笔"的独特笔迹,书写伟大的中国梦。

第八章 研究结论、启示、不足与未来方向

本章系统总结了制度环境、CEO 管理自主权与企业战略选择三者的关系研究中所得出的基本结论、研究启示与研究意义,指出了研究局限与未来研究的方向。

一、结论、启示与建议

(一)基本结论

我们从企业与地区两个层次对制度环境的研究表明,制度环境对组织发展至关重要。并且,制度环境作用于组织战略与结果的路径,将首先通过影响组织中的关键个体——CEO 来实现。也就是说,地区之间制度环境的差异,将导致 CEO 管理自主权大小程度的差异,并进而影响组织战略选择与绩效。

在制度环境作用于微观个体的具体机制上,一方面,有些制度会促进 CEO 自主权的发挥,如企业间或地区内人际信任水平、企业资本结构中的个人资本比重或地区非国有经济发展程度、便捷的企业融资渠道或地区金融发展水平、企业资本结构中的外商资本比重或地区外商投资水平、企业对司法公正程度的信心或地区司法公正程度、企业内部或地区劳动力的灵活性以及企业所受地方保护程度或地区贸易壁垒,都有利于当地企业 CEO 管理自主权的增加;另一方面,某些制度则会制约 CEO 管理自主权,如企业所遭受的政府干预程度或地区政府干预企业的程度。

从 CEO 管理自主权作用于企业战略与绩效的机制来看,CEO 管理自主权有助于 CEO 降低自身薪酬管理上的风险,最大化个人收益,反映了目标自由度的

内涵;并且,CEO管理自主权的增加有助于促进企业加大研发投入力度、实施技术创新,但是企业研发投入的波动随着CEO管理自主权的增加而趋于减小,这表明CEO并不必然单纯追求个人福利最大化,同时也关注企业风险最小化;此外,CEO管理自主权有助于推动企业实现跨省尤其是跨国发展(国际化),从而突破局限于国内单一省份发展所面临的瓶颈,并整合国内外两个市场的资源,实现持续发展;最后,更大的CEO管理自主权将有助于促进企业绩效的提升,但对企业绩效的波动影响较小,这也从客观上表明,CEO管理自主权并非越大越好。

从制度环境、管理自主权与企业战略三者的关系来看,CEO管理自主权对制度前因、企业战略选择过程与结果具备中介效应以及时间效应。

(二) 研究启示

对于企业而言,无论其属于制造业还是高技术产业,选择有利于其CEO获取更大管理自主权的地区作为母公司所在地,都将可能获得更好的经营绩效。值得注意的是,企业获取地方政府的支持固然重要,但假若这种管理自主权的增加以牺牲统一的国内市场为前提,则这种短期行为并不能为企业的持续发展提供保障。

在政府层面,建设稳定和谐的社区、改善政府治理、建设金融基础设施、完善司法体系建设、发挥媒体作用并引导消费者协会等中介组织的成长(李涛,2004,2006;李涛等,2008),以及提高社会信任的水平,以增加企业CEO管理自主权,是实现经济与社会协调发展的必由之路。

从中央政府来看,从制度层面营造地区间协调有序的竞争关系,打破地区之间的贸易壁垒,一方面需要进一步推进完善中央与地方财政分权制度改革,加快地区基本公共服务的均等化与转移支付的法制化进程,打破数量型增长的政绩观(沈坤荣、付文林,2006);另一方面可以通过采用不同的政绩考核方法,或在相同的政绩考核方法下采取不同的措施,来提高市场整合的程度,进而促进全国统一大市场的形成(皮建才,2008)。

我们还注意到,我们常说"国际化是一把双刃剑",就是因为它一方面有利于地方经济的发展,另一方面也容易导致资本出逃的风险(如自2012年以来发生的温州资本外逃事件)。当CEO自主权受到外部环境的制约时,企业就会倾向于通过将业务向外扩展(如实现国际化),来增加与当地政府角力过程中的话语权。为此,我们建议地方政府进一步转变职能,多提供服务、少实施干涉,为企业经营活动营造良好的条件。

(三) 更深层次的政策建议

综合上述研究结论与中国"十二五"规划所反映的未来发展愿景,我们从以下六个方面,为中国实施"顶层设计"式的制度改革提出具体路径建议。

在非正式制度建设方面,从社会资本这种非正式机制上着手,引导提高民营企业的创新主体地位、提升民营企业家的研发投资决策能力(陈爽英等,2010)。

在正式制度建设方面,第一,重新界定政府职能,以提供更多诸如制度、规则和政策之类的无形公共产品,以提高生产效率,促进竞争,便利专业化分工,改善资源配置,保护环境,降低风险与不确定性;第二,改革国有企业,重点关注深化国有企业改革(包括公共资源的重新定位,引入包含所有权和经营权分离措施在内的现代公司治理,在必要情况下实施所有制结构多元化),发展民营部门,减少进入和退出障碍,加强包括战略性和支柱性产业在内的所有部门的竞争;第三,重组国有银行,进一步推进银行商业化和利率市场化,深化资本市场改革,健全法律和监管体制以确保金融稳定,为中国金融体系国际化建立可信的基础,并提高长期风险资本对于新设民营企业的可及性;第四,在劳动力市场上,分阶段加快户籍制度改革,确保劳动者在市场信号引导下流动,着力提高大学毕业生技能和认知能力,建设一批与产业紧密联系的世界一流研究型大学,反思并调整企业工资政策,形成可在全国范围内转移的养老、医疗和失业等社会保障体系(世界银行、中国国务院发展研究中心,2012)。

在综合方面,加快创新步伐,建立开放的创新系统,加强企业的市场微观主体地位(吴延兵,2006),鼓励中国企业通过自身研发和参与全球研发网络进行产品与工艺创新,提高研发质量;促进"创新型城市"发展,集聚高素质人才、知识网络、充满活力的企业和学习型组织,并使这些机构自由互动。提高经济中的研发投入水平,进而提高技术创新水平以及经济增长率,就必须通过政治、经济、法律和文化制度创新,营造激励创新的报酬结构,促使企业家更多地从事生产性的创新活动,经济才能打破低水平均衡陷阱,趋向较发达的均衡(庄子银,2007)。

二、理论与现实意义

本研究的理论与现实意义反映在以下九个方面,前八个方面为理论意义,最后一个方面为现实意义。

第一,通过 CEO 管理自主权连接宏观的地区制度环境与微观的企业战略选择,响应了当今管理学界"致力于连接宏观与微观领域"的呼吁(Aguinis, et al., 2011);并且,CEO 管理自主权的中介效应而非传统的调节效应(Hambrick, 2007)得以验证,其解释力与重要性得以增强。

第二,探讨 CEO 管理自主权影响效应与制度前因的两个实证研究,分别回答了"管理者是否重要"及"管理者何时重要"的问题,揭示了"制度企业家"的形成机制,有机统一了不同理论流派的争论,进一步丰富了制度基础观的研究内容。

第三,CEO 管理自主权决定因素的研究层次,从个人、组织与行业层次拓展到区域层次,且其适用范围亦不再局限于市场经济体。研究表明,转型经济体内部地区间制度差异也是导致 CEO 管理自主权差异的重要成因。

第四,就 CEO 管理自主权在不同行业中的适用程度而言,分别以制造业和高技术产业的企业为样本的研究显示,CEO 管理自主权具备无差异的较强解释效力。

第五,对 CEO 管理自主权前因及效应的研究分为 2002—2004 年及 2005—2007 年两个阶段。研究结果证实,在一段时间内,CEO 管理自主权将对企业战略选择与结果产生持续而稳定的影响,即具备时间效应。

第六,在管理自主权的内容上,作为管理自主权的第四种来源(Finkelstein and Peteraf, 2007),本研究率先从人事、投资、生产等不同方面的"管理者活动"入手,进一步细化并丰富了 CEO 管理自主权的内容。

第七,在管理自主权的本质上,本研究通过研究 CEO 管理自主权对 CEO 薪酬、企业战略与绩效的影响,发现管理自主权的本质不但反映了经济学强调的目标自由度,同时也反映了管理学强调的行为自由度,实为两种自由度的有机组合,而非此前强调的单一维度。

第八,研究数据上,反映中国区域制度差异的量化指标与30个省CEO管理自主权的调查结果,为后续有关中国区域差异、高层管理者的相关研究提供了数据支持;并且,使用企业是否签订正式合同、地区粗离婚率、自愿献血率以及中国企业家调查系统对各地区企业间信任程度的调查结果等四个指标来测量信任水平,丰富了非正式制度的量化方法。

第九,就实践而言,本研究的研究结论不但为中国本土企业实施多元化(尤其是国际化)以及技术创新战略提供了参考,为外商投资中国的区位选择提供了参照,也为中央政府制定更有利于企业"走出去"、实施自主创新战略的宏观政策提供了建议,为地方政府改进自身商业环境以发展区域经济提供了借鉴。更深入地,本研究为人们重新思考中央与地方分权、政府与企业关系等涉及中国经济、文化与政治体制改革等深层次问题开启了新视角。

三、研究局限与未来研究方向

尽管我们在研究过程中已经控制了诸如公司治理、企业生命周期等可能影响企业层次的CEO管理自主权,但本研究的局限性依然无法避免。本研究在未来研究方向上的局限至少包括以下四个方面:

首先,从本研究使用的世界银行提供的2005年调查数据来说,研究所涉及的企业层次的制度环境、CEO管理自主权及企业产能效率等指标,均来自本企业CEO,从而有可能产生同源误差——尽管这些指标之间的关系在稳健性检验中得到了验证。并且,尽管世界银行的数据主要集中于制造业,但由于问卷设计中并未提及具体企业所在制造业中的细分行业,因此我们在企业层次CEO管理自主权的分析中,未能控制由于行业差异可能带来的潜在影响。

其次,我们选取正式制度指标的过程,既基于已有类似研究或直观推理来假定这些正式制度指标与CEO管理自主权的关系,又不得不考虑现有指标数据的可获取程度。因而,鉴于知识储备与视野的局限性,我们未能选取除本研究中所选取的正式制度变量之外的其他制度变量。

第八章 研究结论、启示、不足与未来方向

再次,在非正式制度指标的选择中,尽管我们使用了四个不同方面的指标测量信任这一非正式制度,但事实上,华人社会的文化传统如圈子、人情、面子及关系导向等因素,都会潜移默化地影响嵌入其中的 CEO 管理自主权。未来研究可致力于开发华人文化情境下的多种非正式制度,考察它们与正式制度的交互效应以及对 CEO 管理自主权的影响。

最后,从未来潜在的研究机会来看,CEO 管理自主权对企业或区域制度环境与企业战略选择及结果的中介效应,是连接宏观与微观的有益探索。未来研究可结合我们调查得出的不同地区 CEO 管理自主权指标,进一步探索它对相应区域内其他商业现象乃至整个区域经济发展差异的预测效力。

附录一 假设摘要及其验证情况

假设编号	假设摘要	假设验证情况 企业层次制度环境与管理自主权
4-1a	企业感知的政府干预程度越大,则其CEO管理自主权越小。	√
4-1b	企业感知的政府支持程度越大,则其CEO管理自主权越大。	√
4-1c	企业用工自由度越小,则其CEO管理自主权越小。	√
4-1d	企业从正规渠道融资便利程度越大,则其CEO管理自主权越大。	√
4-1e	企业感知的司法公正度越高,则其CEO管理自主权越大。	√
4-2	企业的商业网络越强,则其CEO管理自主权越大。	√
4-3a	企业的国有产权比重越高,则其CEO管理自主权越小。	√
4-3b	企业的民营产权比重越高,则其CEO管理自主权越大。	√
4-3c	企业的外资产权比重越高,则其CEO管理自主权越大。	√

注:"√"表示通过检验。

假设编号	假设摘要	城市制度环境 企业自主权	省份制度环境	省份自主权
5-1 和 6-1	企业所在地区的企业间或人际信任水平越高,则CEO管理自主权越大。	√	√	√
5-2a 和 6-5	企业所在地区的政府干预企业程度越高,则其CEO管理自主权越小。	√	√	√
5-2b 和 6-2	企业所在地区的贸易保护程度越高,则其CEO管理自主权越大。	√	√	√
5-3 和 6-7	企业所在地区的司法公正程度越高,则其CEO管理自主权越大。	√	√	√

附录一 假设摘要及其验证情况

（续表）

假设编号	假设摘要	假设验证情况		
		城市制度环境	省份制度环境	
		企业自主权		省份自主权
5-4 和 6-8	企业所在地区的金融发展水平越高，则其 CEO 管理自主权越大。	√	√	√
5-5 和 6-4	企业所在地区的劳动力灵活性越大，则其 CEO 管理自主权越大。	√	√	√
5-6 和 6-3	企业所在地区的非国有经济发展水平越高，则其 CEO 管理自主权越大。	√	√	√
5-7 和 6-6	企业所在地区的外商投资整体水平越高，则其 CEO 管理自主权越大。	√	√	√

注："√"表示通过检验。

假设编号	假设摘要	假设验证情况	
		企业自主权	省份自主权
3-1	CEO 管理自主权越大，其年薪与公司绩效直接挂钩的可能性越小。	√	—
3-2	CEO 管理自主权越大，企业实际绩效超过预定目标时，其年薪的增幅越大。	√	—
3-3	CEO 管理自主权越大，企业实际绩效未达预定目标时，其年薪的降幅越小。	√	—
3-4 和 6-9c	在其他条件不变的前提下，CEO 管理自主权越大，则企业生产效率越高。	√	√
3-5	CEO 管理自主权越大，则企业的生产效率波动越小。	√	—
4-4a	CEO 管理自主权越大，则企业的当地化程度越低。	√	—
4-4b	CEO 管理自主权越大，则企业的跨市发展程度越高。	?	—
4-4c	CEO 管理自主权越大，则企业的跨省发展程度越高。	√	—
4-4d 和 6-9a	CEO 管理自主权越大，则企业的跨国发展程度越高。	√	√
5-8	CEO 管理自主权越大，则企业净利润中用于再投资的比重越高。	√	—

（续表）

假设编号	假设摘要	假设验证情况	
		企业自主权	省份自主权
5-9 和 6-9b	CEO管理自主权越大,则企业再投资中的研发投入强度越高。	√	√
5-10	CEO管理自主权越大,则企业研发投入强度的波动越小。	√	—
4-5 和 6-10a	管理自主权中介了地区制度环境、混合所有制结构分别与企业地域多元化的关系。	√	√
5-11 和 6-10b	CEO管理自主权中介了地区制度环境与企业研发投入的关系。	√	√
6-10c	省份CEO管理自主权将会中介制度前因与企业绩效水平的关系。	—	√

注:"√"表示通过检验;"—"表示因缺乏数据指标或非直接相关而未进行检验。

附录二 分层次变量测量方法摘要

层次	变量	含义	测量	来源
个人层次	edu	教育程度	CEO 的教育程度:(1) 非正式教育;(2) 小学;(3) 初中;(4) 高中;(5) 专科;(6) 本科;(7) 硕士及以上	CEO
	tenure	任期	担任现职的时间	
	pol_app	政治任命	CEO 是否为政府任命:(1) 否;(2) 是	
	duality	两职兼任	CEO 是否兼任董事长:(1) 否;(2) 是	
	sal_gap	薪酬差距	CEO 的年薪是中层经理的:(1) 低于2倍;(2) 2—3 倍;(3) 3—4 倍;(4) 4—6 倍;(5) 高于 6 倍	
	pay_sen	CEO 薪酬-绩效敏感性	CEO 的年薪是否直接与企业绩效挂钩:(1) 否;(2) 是	
	pay_sen1	CEO 薪酬-绩效敏感性 1	2004 年若绩效超过预期,CEO 年薪将增加:(1) 1%—5%;(2) 6%—10%;(3) 11%—15%;(4) 16%—20%;(5) 21%—40%;(6) 41%—60%;(7) >61%	
	pro_dis	CEO 生产自主权	询问公司总经理在本企业生产、投资、人事三方面拥有自主权的程度(即不被政府干预的程度):(1) 0—19%;(2) 20%—39%;(3) 40%—59%;(4) 60%—69%;(5) 70%—79%;(6) 80%—89%;(7) 90%—99%;(8) 100%	
	inv_dis	CEO 投资自主权		
	emp_dis	CEO 人事自主权		
	tot_dis	CEO 总体自主权	生产、投资、人事自主权的均值,幅度同上	计算

(续表)

层次	变量	含义	测量	来源
企业层次	contract	信任代理指标1	企业与其主要客户及供应商是否通常签订正式合同：(1) 是；(2) 否	CEO
	gov_int	政府干预程度	企业主要负责人每月需与政府机构打交道的天数：(1) 1 天；(2) 2—3 天；(3) 4—5 天；(4) 6—8 天；(5) 9—12 天；(6) 13—16 天；(7) 17—20 天；(8) >21 天	
	fin_dev	金融发展水平	2004 年企业从法定金融机构获取贷款的难度：(1) 无法获得；(2) 非常难；(3) 有点难；(4) 没变化；(5) 更容易	
	leg_jus	司法公正程度	对所在省份的法律体系公正处理其与商业伙伴争端的信心程度	
	lab_fle	劳动力灵活性	2004 年劳动力的冗余程度（负向指标）：(1) 短缺；(2) 充足；(3) 过剩①	
	loc_pro	地方保护程度	已经实施或未来5年计划实施的并购中，当地政府的角色：(1) 非常负面；(2) 比较负面；(3) 无影响；(4) 比较正面；(5) 非常正面	
	firm_age	企业年龄	2004 减去企业成立年限	据 CEO 反馈计算
	lnsales	企业规模	2002—2004 年三年主营业务收入均值的自然对数	财务经理
	state_own	国有产权比重	企业资本结构中,国有、集体、法人、个人与外商各自所占比重(共100%)	
	coll_own	集体产权比重		
	corp_own	法人产权比重		
	non_soe	个人产权比重		
	for_own	外商产权比重		

① 在数据分析过程中,本研究对调查问卷中原有从大到小排列的选项,均按从小到大的顺序进行了重新排列。

（续表）

层次	变量	含义	测量	来源
企业层次	non_soe1	非国有产权比重	企业资本结构中，集体、法人、个人与外商所占比重之和	计算
	reinvest	企业再投资	2004年净利润中用于再投资的比重	财务经理
	rd_lab02	企业研发强度1	2002—2004年各年研发支出/当年总雇用人数	据财务与人事经理反馈计算
	rd_lab03			
	rd_lab04			
	vrd_lab03	企业研发强度波动1	(rd_lab04 − rd_lab03)/rd_lab03 的绝对值	
	vrd_lab02		(rd_lab04 − rd_lab02)/rd_lab02 的绝对值	
	rd_sale02	企业研发强度2	分别为2002—2004年间，各年研发支出/当年主营业务收入	据财务经理反馈计算
	rd_sale03			
	rd_sale04			
	vrd_sale03	企业研发强度波动2	(rd_sale04 − rd_sale03)/rd_sale03 的绝对值	
	vrd_sale02		(rd_sale04 − rd_sale02)/rd_sale02 的绝对值	
	city	当地发展	2004年销售收入中，来自本市的比重	CEO
	prv	市际多元化	2004年销售收入中，来自本省其他城市的比重	
	outprv	省际多元化	2004年销售收入中，来自国内其他省份的比重	
	inter	国际化	2004年海外(含港澳台)收入占总销售额比重	
	per04	企业效率	分别询问2004年、2003年、2002年生产能力利用率	
	per03			
	per02			
	vper02	企业效率波动	2002—2004年间生产能力利用率波动，(per04 − per02)/per02 的绝对值	计算

（续表）

层次	变量	含义	测量	来源
城市层次	per_gdp	城市经济规模	城市人均 GDP	世界银行（2007）根据2005年《投资环境》涉及的表 4.1 中数据及此次调查的其他数据合并到城市层次
	emp_edu	城市人力资本水平	拥有大专以上学历员工比例的区级平均值，反映当地劳动力的人力资本水平	
	gov_int2	政府干预程度	与各政府机构打交道的时间成本。询问企业每年用来与税务、公安、环保、劳动和社会保障等部门打交道的总天数。用总天数除以 365 即可得出该企业（以时间成本计算）的法规负担	
	non_soe2	民营化程度	私营企业参与度。国内私营企业在本次调查中所占的百分比	
	fin_dev2	金融发展水平	融资渠道。本次调查中区级已获得银行贷款的企业比例	
	for_inv2	外商投资水平	企业资本结构中的外资所有比重	
	leg_jus2	司法公正程度	产权保护指数。询问企业在商业或其他争议中的合同权利和产权（包括履约）得到保护的可能性（以百分比表示）。该变量经标准化后构成一项指数	
	lab_fle2	劳动力灵活性	冗员度（负向指标）。询问企业如果裁员不涉及任何处罚，它们认为其冗员比例是多少。因而，冗员度越低则表明劳动力市场越灵活	
省份层次（2002—2004年均值）	gov_int3	政府干预程度	减少企业对政府的干预。企业主要管理者花在与政府部门和人员打交道的时间占其工作时间的比重	《中国市场化指数》；《中国高技术产业统计年鉴》（2003，2004，2005）；《中国统计年鉴》（2003，2004，2005）
	non_soe3	民营化程度	非国有经济的发展。综合反映了三个方面的指标：非国有经济在工业销售收入、全社会固定资产总投资中所占比重，以及非国有经济就业人数占城镇总就业人数的比例	
	fin_dev3	金融发展水平	金融业的市场化。含"非国有金融机构吸收存款占全部金融机构吸收存款的比例"，以及"非国有企业在银行贷款占全部企业贷款的比重"	

附录二 分层次变量测量方法摘要

（续表）

层次	变量	含义	测量	来源
省份层次（2002—2004年均值）	for_inv3	外商投资水平	引进外资的程度。各地（含港、澳、台）外商投资占地方GDP的比重	《中国市场化指数》；《中国高技术产业统计年鉴》（2003，2004，2005）；《中国统计年鉴》（2003，2004，2005）
	leg_jus3	司法公正程度	反映各地中介组织的发育（包括律师、会计师等市场中介组织服务条件，行业协会对企业的帮助程度），以及法律对生产者权益、消费者权益和知识产权的保护等四个方面的内容	
	lab_fle3	劳动力灵活性	我们将原有"外来农村劳动力占当地城镇从业人员的比重"替换为"科技人员总数占当地总人数比重"，反映当地高层次人才的供给水平	
	loc_pro3	地方保护程度	各地抽样调查样本企业在全国各省区销售产品时遇到的贸易保护措施（涉及每个省区的陈述件数）与相应省区的经济规模（GDP）之比	
省份层次（2005—2007年均值）	gov_int4	政府干预程度	"企业主要管理者花在与政府部门和人员打交道的时间占其工作时间的比重"与高技术产业"科技活动经费中政府投入所占比例"的乘积	主要指标来自樊纲、王小鲁和朱恒鹏（2010）；科技活动经费中政府、企业与金融机构投入所占比例，均为作者根据《中国高技术产业统计年鉴》（2006，2007，2008）的数据计算得出
	non_soe4	民营化程度	"非国有经济的发展"指数与高技术产业"科技活动经费中企业投入所占比例"的乘积	
	fin_dev4	金融发展水平	"金融业的市场化"指数与高技术产业中"科技活动经费中金融机构投入所占比例"的乘积	
	for_inv4	外商投资水平	同for_inv3	
	leg_jus4	司法公正程度	同leg_jus3	
	lab_fle4	劳动力灵活性	同lab_fle3	
	loc_pro4	地方保护程度	同loc_pro3	

（续表）

层次	变量	含义	测量	来源
省份层次（2005—2007年均值）	inter	企业国际化程度	企业出口值占主营业务收入比例	根据《中国高技术产业统计年鉴》计算（2006，2007，2008）
	innov1	企业研发投入比重	企业研发内部支出占当年价固定资产比例	
	innov2		企业研发内部支出与企业科技人员人数之比	
	performance	企业绩效	主营业务收入与企业从业人数之比，即人均产能	
省份层次	trust	信任	询问公司负责人认为哪五个地区的企业比较守信用（按顺序排列）	中国企业家调查系统（2000）
	blood	信任代理指标2	自愿献血率。1999年各省自愿献血率的自然对数	中国输血协会（1999）
	divorce	信任代理指标3	2002—2004年各省粗离婚率。离婚宗数除以当年期初人口与期末人口之和的均值	据年鉴计算*
	Md	CEO管理自主权	询问对中国30个省CEO管理行为自由度的评价	专家与高管问卷

注：* 离婚宗数的数据来自《中国民政事业统计年鉴》(2003，2004，2005)；期初人口与期末人口的数据来自《中国统计年鉴》(2003，2004，2005)。

附录三 企业投资与经营环境调查问卷[*]

（企业负责人问卷）

表号：	N501 表
制表机关：	国家统计局
文号：	国统字〔2005〕71 号

2004 年

1. 行业大类代码 HYDD
2. 行政区划代码 XZQH
3. 企业编码 QYBM
4. 调查员编码 DCYBM

A. 基本情况

A1. 贵公司是哪一年成立的？A1 年

A2. 2004 年贵公司产品在以下区域销售的比例分别是：

（单位：%）

地区	本市	本省（自治区、直辖市）其他地区	外省	境外（包括港、澳、台）	总计
销售比例	A21	A22	A23	A24	100

A3. 贵公司产品生产能力利用率：

1. 2004 年：A31%
2. 2003 年：A32%

---

[*] 本套问卷由世界银行企业调查部（Enterprise Survey Division of World Bank）直接提供。

3. 2002 年：A33％

A4．贵公司的登记注册类型是：A4

1．国有企业　　　　　　　　2．集体企业

3．股份合作企业　　　　　　4．有限责任公司

5．股份有限公司　　　　　　6．私营企业

7．港、澳、台商投资企业　　8．外商投资企业

9．其他企业

B．限制企业发展的投资环境因素

B1．请确认下列各项因素妨碍贵公司经营和发展的程度。

因素	妨碍的程度				
	无	较小	中等	较大	完全
1．通信 B101	0	1	2	3	4
2．供电 B102	0	1	2	3	4
3．交通 B103	0	1	2	3	4
4．税务 B104	0	1	2	3	4
5．海关 B105	0	1	2	3	4
6．工人的劳动技能和受教育水平 B106	0	1	2	3	4
7．融资途径（如担保）B107	0	1	2	3	4
8．融资费用（如利率）B108	0	1	2	3	4
9．地方保护主义 B109	0	1	2	3	4
10．经济和管理政策不稳定 B110	0	1	2	3	4
11．犯罪、偷窃 B111	0	1	2	3	4
12．其他企业的反竞争活动 B112	0	1	2	3	4
13．法律法规方面的信息获得 B113	0	1	2	3	4
14．供水 B114	0	1	2	3	4

B2．上述各项中，最严重的妨碍因素是？B21　第二严重的妨碍因素是？B22

C. 与产品批发商和零售客户的关系

C1. 购买贵公司产品的最主要客户(包括批发和零售)与贵公司合作的时间:C1

1. 1年以内 2. 1—2年 3. 2—3年 4. 3—4年 5. 4—6年 6. 6—10年 7. 10年及以上

C2. 一般情况下贵公司是否要与客户签订书面合同? C2 1. 是 2. 否

C3. 过去三年贵公司与多少个客户发生过商业争议? C3 个

C4. 这些争议的解决方式是什么?解决争议的比例(解决争议次数与总争议次数之比)和平均时间是多少?

解决方式	代码	比例(%)	解决争议的平均时间(月)
谈判或协商	1	C411	C421
法院起诉	2	C412	C422
仲裁	3	C413	C423
其他	4	C414	C424
合计	5	100	—

C5. 在2004年贵公司的产品中:

1. 卖给政府的占总销售额多大比重? C51% ;

2. 卖给国有企业的占总销售额多大比重? C52% ;

3. 按照客户要求生产的专用产品(该产品只卖给某一客户)销售额占总销售额多大比重? C53%

D. 与原材料供应商的关系

D1. 贵公司与最主要供应商做生意的时间:D1

1. 1年以内 2. 1—2年 3. 2—3年 4. 3—4年 5. 4—6年 6. 6—10年 7. 10年及以上

D2. 一般情况下贵公司是否与供应商签订书面合同? D2 1. 是 2. 否

D3. 在过去三年中,贵公司与多少个供应商有过商业争议? D3 个

D4. 这些争议的解决方式是什么?解决争议的比例和平均时间是多少?

解决方式	代码	比例(%)	解决争议的平均时间(月)
谈判或协商	1	D411	D421
法院起诉	2	D412	D422
仲裁	3	D413	D423
其他	4	D414	D424
合计	5	100	—

E. 劳动力、内部激励和社会保障

E1. 近两年贵公司是否为从业人员提供培训(脱产学习和不脱产学习、研讨会等)？ E101 1. 是 2. 否

如果是，2004 年接受正式培训的从业人员比例是：E102%

E2. 贵公司2004年劳动力情况：E2 1. 富余 2. 短缺 3. 合适

（1）如果人员富余,富余人数占全部从业人员的比重为：E21%

（2）如果人员短缺,短缺人数占全部从业人员的比重为：E22%

E3. 贵公司从业人员的工资构成：

（单位:%）

工资类型	固定工资	业绩奖金	计件工资	计时工资	其他	总计
固定工	E311	E321	E331	E341	E351	100
临时工	E312	E322	E332	E342	E352	100

E4. 如果贵公司员工有业绩奖金,那么：

1. 奖金是由主观评价决定的吗？（如人事考核、领导主观决定等）E41 （1）是 （2）否

2. 奖金是基于贵公司的业绩吗？ E42 （1）是 （2）否

3. 奖金是基于部门或生产单位的业绩吗？ E43 （1）是 （2）否

4. 若上述2题与3题的答案均为是,以哪种业绩奖金为主？ E44 （1）公司业绩 （2）部门或生产单位业绩

5. 贵公司对个人奖金保密吗？ E45 （1）是 （2）否

E5. 贵公司 2004 年平均收入增加的情况：

1. 对提职的人来说,平均收入较2003年增加的百分比是：E51%

2. 对不提职的人来说,平均收入较 2003 年增加的百分比是:E52%

E6. 贵公司 2004 年从业人员中占人数比重最大的工种或岗位的相关情况:

1. 最高工资是最低工资的几倍? E61 倍

2. 每年晋升的比例是:(1) 固定工:E621% (2) 临时工:E622%

3. 如果在员工中存在工资差异的话,员工们知道这种差异吗? E63
(1) 是 (2) 否

E7. 贵公司 2004 年员工进出的情况:

1. 主动辞职的员工比例是:(1) 固定工:E711% (2) 临时工:E712%

2. 解聘(包括提前退休)的员工比例是:(1) 固定工:E721% (2) 临时工:E722%

3. 新招聘的员工比例是:(1) 固定工:E731% (2) 临时工:E732%

E8. 贵公司在过去三年中是否曾对一些中层管理人员降职使用? E8
1. 是 2. 否

E9. 贵公司是否参加了医疗保险?

1. 固定工:E91 (1) 是 (2) 否

2. 临时工:E92 (1) 是 (2) 否

E10. 贵公司是否有锻炼身体的设施?(需要有场地,如乒乓球台、篮球场等)E10 1. 是 2. 否

E11. 贵公司是否有自己的餐厅或午餐项目? E11 1. 是 2. 否

E12. 贵公司员工工作时间情况:

1. 贵公司员工平均每月加班天数:E121

(1) 0 天 (2) 1—2 天 (3) 3—5 天 (4) 6—10 天 (5) 10 天以上

a. 如果加班,贵公司是否为加班员工支付加班费? E1211 ① 是 ② 否

b. 如果加班,平均每小时的加班费是否高于每小时正常工资? E1212
① 是 ② 否

2. 贵公司员工平均每周的纯工作时间为:E122

(1) 小于 40 小时 (2) 40 小时 (3) 41—42 小时 (4) 43—45 小时

(5) 46—50 小时 (6) 50 小时以上

F. 基础设施及服务

F1. 在过去三年中,贵公司平均每年停电多少次? F11 次;平均每次停电多少小时? F12 小时

F2. 2004年贵公司由于供电不足或其他供电问题造成的损失占产值或收入的比例是多少?(请把因为供电不足而耗费的生产时间和重启机器所需时间造成的损失,以及因为生产过程中断而导致产品损坏的损失也计算在内)F2%

F3. 2004年贵公司货物因包装破损、被窃或货物损坏而造成的损失占货物总价值的比例是:F3%

F4. 电信服务情况:

1. 贵公司安装新的电话需要多少天? F41 天
2. 贵公司获得互联网服务需要多少天? F42 天
3. 贵公司固定电话平均每月服务中断多少次? F431 次;互联网服务中断多少次? F432 次
4. 请估计贵公司提供电子信息服务(包括互联网)的费用占销售收入的百分比:F44%
5. 请估计贵公司在2004年投资于IT(信息)技术(包括设备、硬件和软件)的费用占销售收入的百分比:F45%

F5. 贵公司的员工经常使用电脑的人数占全部员工人数的比例是多少? F5%

F6. 贵公司销售收入中通过互联网或者电子邮件方式进行交易的占多大比例? F6%

F7. 去年贵公司曾对员工进行过信息技术的培训吗? F71 1. 是 2. 否 如果有,参加培训的员工比例是多少? F72%

F8. 贵公司的用水是由自来水公司还是本公司自己提供? F8 1. 自来水公司 2. 本公司

如果由自来水公司提供:
(1) 贵公司认为自来水供应的可靠性如何? F81 ① 高 ② 中 ③ 低
(2) 贵公司认为自来水的质量如何? F82 ① 高 ② 中 ③ 低
(3) 贵公司认为水费如何? F83 ① 较贵 ② 合适 ③ 便宜

G. 国际贸易

G1. 贵公司最常用的海关港口所在城市是：G1

G2. 2004 年贵公司出口货物通过海关所需的平均时间是多少？G2 天

G3. 如果过去两年贵公司进口过原材料或零部件,一般需要几天才能通过海关？G3 天

G4. 贵公司是否有产品直接出口权？G4　1. 是　2. 否

H. 融资

H1. 自 2003 年年底中央政府实行宏观调控以来,您认为贵公司从正规金融机构贷款的难易程度与从前相比有何变化？H1

1. 无法得到贷款　2. 难了很多　3. 难了一些　4. 没有变化　5. 更容易了

H2. 贵公司是否有银行透支优惠或贷款额度？H2　1. 是　2. 否

如果有,(1) 贷款额度是多少？H21 千元　(2) 当前未使用的部分占多大比重？H22%

H3. 贵公司贷款情况：

1. 贵公司从银行或金融机构贷款了吗？H31　(1) 是　(2) 否

2. 贵公司在最近的贷款或透支中：

(1) 银行批准所需的年数？H321 年

(2) 融资需要担保吗？H322　① 是　② 否

(3) 担保的价值占贷款总额的比重大约是多少？H323%

H4. 贵公司在与银行或贷款机构的有关人员交往中,是否需要非正常支付？H4　1. 是　2. 否

H5. 贵公司是否使用供货商提供的贷款(即应付账款)购买生产原料？H5　1. 是　2. 否

如果是,2004 年用供货商贷款购买的生产原料占全部生产原料的比重是多少？H51%

I. 总经理和董事会的基本情况

I1. 贵公司总经理的最高学历是什么？I1

1. 硕士及以上 2. 大学 3. 大、中专 4. 高中 5. 初中 6. 小学 7. 未受教育

I2. 贵公司总经理任现职多少年？I2 年

I3. 贵公司总经理是由政府指派的吗？I3 1. 是 2. 否

I4. 贵公司是否成立了董事会？I4 1. 是 2. 否

如果是，总经理也是董事会主席吗？I41 （1）是 （2）否

I5. 贵公司从业人员的收入情况：

1. 总经理的年收入大约是中层管理人员的几倍？（收入包括工资、奖金等，中层管理人员指部门经理）I51

（1）2倍以下 （2）2—3倍 （3）3—4倍 （4）4—6倍 （5）6倍及以上

2. 中层管理人员的年收入大约是普通员工的几倍？I52

（1）2倍以下 （2）2—3倍 （3）3—4倍 （4）4—6倍 （5）6倍及以上

I6. 1. 贵公司总经理年收入是否与本公司运营业绩直接挂钩？I61 1. 是 2. 否

2. 2004年如果超额完成了指标，总经理的年收入增长了：I62

（1）1%—5%；（2）6%—10%；（3）11%—15%；（4）16%—20%；（5）21%—40%；（6）41%—60%；（7）61%及以上

3. 2004年如果未能完成指标，总经理的年收入降低了：I63

（1）1%—5%；（2）6%—10%；（3）11%—15%；（4）16%—20%；（5）21%—40%；（6）41%—60%；（7）61%及以上

I7. 贵公司在过去四年中是否曾解聘总经理、副总经理或对他们降职使用？I7 1. 是 2. 否

I8. 贵公司是某个集团公司或控股公司的成员企业吗？I8 1. 是 2. 否

I9. 贵公司总经理对本企业生产、投资、用工三方面拥有自主权的程度（即不受政府干预的程度，1=0—19%；2=20%—39%；3=40%—59%；4=60%—69%；5=70%—79%；6=80%—89%；7=90%—99%；8=100%）：

自主权类型	代码	拥有的程度
生产自主权 I91	1	1 2 3 4 5 6 7 8
投资自主权 I92	2	1 2 3 4 5 6 7 8
用工自主权 I93	3	1 2 3 4 5 6 7 8

I10. 贵公司下层管理者和员工的决策权情况：I10

1．基本无　2．稍有　3．有一些　4．较高　5．极高

J．企业与政府的关系

J1. 贵公司每月与政府有关部门交往或完成其布置的工作时，总经理和副总经理大约平均需要多少天？（政府有关部门是指税收、海关、劳动力管理、登记注册等部门；布置的工作包括处理与政府工作人员的关系、报送各类报表等）：J1

（1）1天　（2）2—3天　（3）4—5天　（4）6—8天　（5）9—12天
（6）13—16天　（7）17—20天　（8）21天及以上

J2. 贵公司开展经营活动共需多少许可证和执照（包括一次性的和每年都需要重新申请的）？J2

J3. 商业纠纷：

1．若贵公司在企业所在地与供货商、顾客或是附属机构发生商业纠纷，您认为本地的法律系统可以给本公司公平、公正判决的概率（可能性）有多大？J31%

2．（1）除贵公司所在省外，贵公司最大供货商或顾客所在的省是：J32

（2）若贵公司在该省与供货商、顾客或是附属机构发生商业纠纷，您认为当地的法律系统可以给本公司公平、公正判决的概率（可能性）有多大？J321%

J4. 贵公司是否有专职人员处理政府关系（如专门处理与政府关系的办公室）？J4　1．是　2．否

如果是，该办公室的员工有多少人？J41 人

J5. 过去三年贵公司是否曾与政府机构发生纠纷、争执？J5　1．是　2．否
如果是，是否有其他政府部门或上级领导可以帮忙解决或处理？J51

1. 是 2. 否

如果是,贵公司过去三年是否使用过这种渠道? J511   1. 是 2. 否

如果是,贵公司对解决结果是否满意? J5111   1. 是 2. 否

J6. 贵公司 2004 年与下列部门交往(如接受检查、参加会议)情况:

部门	代码	与该部门关系如何 (1. 不好;2. 一般; 3. 中等;4. 较好; 5. 很好)	用于交往的 总天数(日)	贵公司经常接触的此 部门政府官员中能够 帮助企业发展的人占 多大比重?(%)
税收	1	J611	J621	J631
公安	2	J612	J622	J632
环境保护	3	J613	J623	J633
劳动和社会保障	4	J614	J624	J634

J7. 在贵公司所发生的商业或其他纠纷中,贵公司的合法合同或财产权得到保护(判决下达并执行)的比例有多大? J7%

J8. 若贵公司在过去进行过资产并购或预计在将来 5 年内进行并购,您认为当地政府将会起到怎样的作用? J8

1. 非常消极 2. 比较消极 3. 没有影响 4. 比较积极 5. 非常积极

(企业会计和人事负责人问卷)

	表号:	N502 表
	制表机关:	国家统计局
2004 年	文号:	国统字〔2005〕71 号

1. 企业编码QYBM   2. 调查员编码DCYBM

A. 产 权 构 成

A1. 贵公司资本构成情况:

(单位:%)

资本形式	国家资本	集体资本	法人资本	个人资本	外商资本	总计
所占百分比	AA11	AA12	AA13	AA14	AA15	100

A2. 贵公司股份中最大股东持有的比例是多少？ AA2%

B. 财务状况

B1. 贵公司收入状况：

(单位:千元)

指标	代码	2004 年	2003 年	2002 年
主营营业收入	01	AB1101	AB1201	AB1301
主营业务成本	02	AB1102	AB1202	AB1302
劳动报酬	03	AB1103	AB1203	AB1303
原材料	04	AB1104	AB1204	AB1304
主营业务税金及附加	05	AB1105	AB1205	AB1305
主营业务利润	06	AB1106	AB1206	AB1306
其他业务收入	07	AB1107	AB1207	AB1307
其他业务利润	08	AB1108	AB1208	AB1308
营业费用	09	AB1109	AB1209	AB1309
管理费用	10	AB1110	AB1210	AB1310
财务费用	11	AB1111	AB1211	AB1311
利息支出	12	AB1112	AB1212	AB1312
营业利润	13	AB1113	AB1213	AB1313
利润总额	14	AB1114	AB1214	AB1314

B2. 2004 年贵公司相关费用情况：

1. 差旅费：AB21 千元　2. 招待费：AB22 千元　3. 会议费：AB23 千元

B3. 贵公司公务车情况：

1. 贵公司有多少辆公务车？（包括小轿车和面包车）AB31 辆

2. 贵公司平均每辆小轿车一年的养车费用是多少？（包括养路、保险、用油、路桥和车辆使用税等各项费用之和）AB32 千元

3. 2004 年贵公司平均每辆小轿车的过路费为多少？AB33 千元

B4. 贵公司 2004 年净利润中，用于本公司再投资的比例大约是多少？AB4%

B5. 请填报贵公司下列纳税(实交)资料：

（单位：千元）

指标	代码	2004 年	2003 年	2002 年
税金合计	1	AB511	AB521	AB531
增值税	2	AB512	AB522	AB532
消费税	3	AB513	AB523	AB533
营业税	4	AB514	AB524	AB534
资源税	5	AB515	AB525	AB535
所得税	6	AB516	AB526	AB536
土地税	7	AB517	AB527	AB537
房产税	8	AB518	AB528	AB538
给所有政府部门上缴的管理费用	9	AB519	AB529	AB539

给所有政府部门上缴的管理费用共有多少种？AB541 种

如果贵公司获得 100 元的营业利润，那么其中用于缴纳各种税费的是多少元？AB542 元

B6. 请填写贵公司在最近三年中固定资产的净值：

（单位：千元）

指标	代码	2004 年	2003 年	2002 年
固定资产净值	1	AB611	AB621	AB631
新增固定资产投资额	2	AB612	AB622	AB632

B7. 贵公司全部研究与开发支出：

1. 2004 年：AB71 千元　2. 2003 年：AB72 千元　3. 2002 年：AB73 千元

B8. 贵公司是否租赁生产经营的场地和房屋？AB8　1. 是　2. 否

如果是，平均每年的租金为：AB81 元/平方米

C. 劳动力统计

C1. 贵公司从业人员中：

指标	代码	2004 年	2003 年	2002 年
全部从业人员平均人数（人）	1	AC11	AC21	AC31
拥有高中及以上学历的人员比例（%）	2	AC12	AC22	AC32
拥有大专及以上学历的人员比例（%）	3	AC13	AC23	AC33
固定工比例（%）	4	AC14	AC24	AC34
临时工比例（%）	5	AC15	AC25	AC35
农民工占临时工的比例（%）	6	AC16	AC26	AC36
固定工平均月工资（元）	7	AC17	AC27	AC37
临时工平均月工资（元）	8	AC18	AC28	AC38
农民工平均月工资（元）	9	AC19	AC29	AC39

城市概况（续）

	表号：	N503 表
	制表机关：	国家统计局
2004 年	文号：	国统字〔2005〕号

城市名称 A01　　城市编码 B01

一、主要指标

指标	代码	单位	2004 年	2003 年	2002 年
全社会固定资产投资总额	01	万元	C02	D02	E02
合同外资额	02	万元	C03	D03	E03
开发区投资额	03	万元	C04	D04	E04
财政收入	04	万元	C05	D05	E05
财政支出	05	万元	C06	D06	E06
国家机关、党政机关和社会团体工资总额	06	万元	C07	D07	E07
总人口	07	万人	C08	D08	E08
市辖区人口	08	万人	C09	D09	E09
地方财政支出	09	万元	C10	D10	E10

（续表）

指标	代码	单位	2004年	2003年	2002年
人均地区生产总值	10	元	C11	D11	E11
人均地区生产总值增长率(以上年为基数)	11	%	C12	D12	E12
普通高等教育学校在校学生数	12	万人	C13	D13	E13
中等学校在校学生数	13	万人	C14	D14	E14
有科技活动的大中型工业企业占大中型工业企业的比重	14	%	C15	D15	E15
接待旅游人数	15	人次	C16	D16	E16
工业企业增加值占地区生产总值比重	16	%	C17	D17	E17
等级公路公里数	17	公里	C18	D18	E18
其中:高速公路公里数	18	公里	C19	D19	E19
每万人有公厕	19	座	C20	D20	E20
人均生活用水量	20	吨	C21	D21	E21
工业用水费用	21	元/米³	C22	D22	E22
生活用水费用	22	元/米³	C23	D23	E23
工业用电费用	23	元/千瓦时	C24	D24	E24
生活用电费用	24	元/千瓦时	C25	D25	E25
工业用天然气费用	25	元/米³	C26	D26	E26
生活用天然气费用	26	元/米³	C27	D27	E27
非农业人口与总人口的比例	27	%	C28	D28	E28
人均科研经费	28	元	C29	D29	E29
人均教育经费	29	元	C30	D30	E30
每百人拥有电话机数	30	部	C31	D31	E31
工业废水排放达标率	31	%	C32	D32	E32
人均绿地面积	32	米²	C33	D33	E33
市区环境空气质量达优、良级天数占全年总天数的比重	33	%	C34	D34	E34
限额以上餐饮企业法人企业数	34	个	C35	D35	E35
平均每千人拥有医生数	35	人	C36	D36	E36
城市人均可支配收入与农村人均纯收入之比	36	%	C37	D37	E37
失业率	37	%	C38	D38	E38
公共汽车营运线路长度	38	公里	C39	D39	E39

(续表)

指标	代码	单位	2004 年	2003 年	2002 年
人均住宅建筑面积	39	米^2	C40	D40	E40
职工年平均工资	40	元	C41	D41	E41
公务员总数	41	人	C42	D42	E42
人均承保额	42	元	C43	D43	E43
婴儿死亡率	43	‰	C44	D44	E44
小学毕业生升学率	44	%	C45	D45	E45
女学生占学生总数	45	%	C46	D46	E46

说明：1. 人均科研经费 = 科技活动经费使用总额/市辖区人口
2. 人均教育经费 = 财政用于教育支出合计/市辖区人口
3. 失业率 = 城镇登记失业人员数/市辖区人口
4. 公务员总数 = 公务员 + 参照公务员管理的事业单位人员
5. 人均承保额 = 保险金额/市辖区人口

二、2004 年其他指标

1. 年平均气温：BB01 摄氏度

2. 七月至十二月平均气温：BB02 摄氏度

3. 到最近机场的公里数：BB03 公里

4. 最常用的海关港口与本市距离：BB04 公里

5. 港口城市名称：BB05

三、1978 年历史数据

1. 总人口：AB06 万人　　　　2. 市辖区人口：BE06 万人

3. 工业总产值：AB07 万元　　4. 国内生产总值：BE07 万元

四、领导者情况

指标	代码	现任 市委书记	前一任 市委书记	前两任 市委书记
上任年份	1	BC08	BD08	BF08
市委书记是否兼任市长(1. 是　2. 否)	2	BC09	BD09	BF09
市委书记的受教育水平(1. 博士　2. 硕士 3. 大学本科　4. 其他)	3	BC10	BD10	BF10
市委书记年龄	4	BC11	BD11	BF11
市委书记是否从本市提升(1. 是　2. 否)	5	BC12	BD12	BF12

附录四　中国省际 CEO 管理自主权调查问卷

（一）专家问卷

给学界专家的请求信

尊敬的教授,您好!

　　谨来信请求您花费宝贵的 4—5 分钟,帮助我们完成一项有关中国企业 CEO 管理自主权的研究。作为该研究的一部分,张志学教授与我正在访问近 5 年来在中国最好的经济、管理学术期刊上发表了有关中国区域差异、企业家与高层管理者研究专论的 177 位学者。鉴于您在此领域的学术造诣,如蒙拨冗协助完成这份仅含两个问题的小型调查,我们将不胜荣幸并十分感激。

　　您将完全基于自主、自愿,并可随时中止或撤销参与本调查,且有权保留任何您不想回答的问题。您对本研究的参与,以及您提供的任何回应,将被我们视为机密。此数据绝不提供给任何第三方。使用本数据完成的任何形式的研究成果,在报告或发表时不会泄露您的任何个人身份信息。完成并提交此问卷,将意味着您同意参加本研究。

　　若您同意继续,请进入下一页,阅读"管理自主权"的定义及其描述,结合自己的专业知识或实践经验,评估总部位于该省的企业中,其 CEO 管理自主权的大小。

　　无论您同意参加与否,我们都乐意呈送一份最终研究结果给您。并且,在本问卷结尾,若您不介意留下详细联络方式,我们将据此地址,向您邮寄赠送一本张志学教授的著作《中国企业的多元解读》(北京大学出版社,2010 年)以表谢意。

　　致礼!

张三保,博士

邮件:szhang@gsm.pku.edu.cn

张志学,教授

邮件:zxzhang@gsm.pku.edu.cn

附录四 中国省际 CEO 管理自主权调查问卷

管理自主权,即管理行为的自由度(Hambrick and Finkelstein, 1987)。一个拥有高度自主权的 CEO,既在选择企业战略时具备广阔空间,又在执行企业战略中享有高度自由。相反,一个仅有低度自主权的 CEO,不但在选择企业战略时人微言轻,即使在实施既定战略过程中也捉襟见肘。CEO 管理自主权的制约因素,可能有企业总部所处地域的正式制度和非正式制度两方面的来源。其中,前者可能包括企业总部所在省域的法律法规,政府行为,金融、产品、要素市场发育,以及市场中介组织发展程度等因素;后者则可能包含地方的文化传统、人际信任等。

首先,在本研究所含的全部 30 个省份中,与其余 23 个省份相比,请分别评价总部位于如下 7 个省份的企业 CEO 的管理自主权。

	1(最小)	2	3	4(平均)	5	6	7(最大)
北京							
辽宁							
上海							
湖北							
广东							
重庆							
陕西							

接下来请继续评价,全部 30 个省份中,总部位于下述 23 个省份的企业其 CEO 管理自主权的大小。请尽可能多地挑选自己熟悉的省份。

	1(最小)	2	3	4(平均)	5	6	7(最大)
天津							
河北							
山西							
内蒙古							
吉林							
黑龙江							
江苏							
浙江							
安徽							

宏观制度环境、CEO管理自主权与微观企业行为

(续表)

	1(最小)	2	3	4(平均)	5	6	7(最大)
福建							
江西							
山东							
河南							
湖南							
广西							
海南							
四川							
贵州							
云南							
甘肃							
青海							
宁夏							
新疆							

请在下方空白处留下联系方式,以接收我们寄送的赠书,获取本研究的最终成果,并便于我们统计问卷填答情况。

您的姓名:_____

收件地址:_____

邮政编码:_____

(二)高管问卷版本一(V1)

管理自主权,即企业高管在管理行为上的自由度。一个拥有高度自主权的CEO,在选择和执行企业战略中享有高度自由。相反,一个仅有低度自主权的CEO,在选择乃至执行企业战略时都捉襟见肘。

总的来说,CEO的管理自主权,可能受企业总部所在省份的<u>正式制度</u>(如地方政府干预程度、民营企业发展水平、向金融机构融资难度、外商投资力度、司法公正程度、人力资源供给状况等)和<u>非正式制度</u>(如人际信任、文化传统等)两方面因素所制约。

附录四　中国省际 CEO 管理自主权调查问卷

1. 在本问卷所含的 30 个省份中,与其余 23 个省份相比,请分别评价企业总部位于如下 7 个省份的企业,其 CEO 管理自主权的大小程度,并在对应的分数下打"√"。

	1(最小)	2	3	4(平均)	5	6	7(最大)
北京							
辽宁							
上海							
湖北							
广东							
重庆							
陕西							

2. 请保持与上述评价相同的标准,继续评估总部位于剩余 23 个省份的企业,其 CEO 管理自主权的大小。请尽可能多地从中挑选自己熟悉的省份,并在对应的分数下打"√"。

	1(最小)	2	3	4(平均)	5	6	7(最大)
天津							
河北							
山西							
内蒙古							
吉林							
黑龙江							
江苏							
浙江							
安徽							
福建							
江西							
山东							
河南							
湖南							
广西							
海南							

(续表)

	1(最小)	2	3	4(平均)	5	6	7(最大)
四川							
贵州							
云南							
甘肃							
青海							
宁夏							
新疆							

您的企业在中国内地的总部位于哪个省？_____

（三）高管问卷版本二（V2）

管理自主权，即企业高管在管理行为上的自由度。一个拥有高度自主权的CEO，在选择和执行企业战略中享有高度自由。相反，一个仅有低度自主权的CEO，在选择乃至执行企业战略时都捉襟见肘。

总的来说，受企业所处区域综合环境的影响，不同地区CEO在管理自主权上存在差异。

1. 在本问卷所含的30个省份中，与其余23个省份相比，请分别评价企业总部位于如下7个省份的企业，其CEO管理自主权的大小程度，并在对应的分数下打"√"。

	1(最小)	2	3	4(平均)	5	6	7(最大)
北京							
辽宁							
上海							
湖北							
广东							
重庆							
陕西							

2. 请保持与上述评价相同的标准,继续评估总部位于剩余 23 个省份的企业,其 CEO 管理自主权的大小。请尽可能多地从中挑选自己熟悉的省份,并在对应的分数下打"√"。

	1(最小)	2	3	4(平均)	5	6	7(最大)
天津							
河北							
山西							
内蒙古							
吉林							
黑龙江							
江苏							
浙江							
安徽							
福建							
江西							
山东							
河南							
湖南							
广西							
海南							
四川							
贵州							
云南							
甘肃							
青海							
宁夏							
新疆							

您的企业在中国内地的总部位于哪个省?_____

参 考 文 献

[1] Adams M. and M. Hossain, 1998, "Managerial Discretion and Voluntary Disclosure: Empirical Evidence from the New Zealand Life Insurance Industry", *Journal of Accounting and Public Policy*, Vol. 17 (3), pp. 245—281.

[2] Aguinis, H., Boyd, B. K, Pierce, A. C. and C. J. Short, 2011, "Walking New Avenues in Management Research Methods and Theories: Bridging Micro and Macro Domains", *Journal of Management*, Vol. 37 (2), pp. 395—402.

[3] Aharoni, Y., 1986, *The Evolution and Management of State-Owned Enterprises*. Cambridge, MA: Ballinger.

[4] Amihud, Y. and B. Lev, 1981, "Risk Reduction as a Managerial Motive for Conglomerate Mergers", *Bell Journal of Economics*, Vol. 12 (2), pp. 605—617.

[5] Ayyagari, M., Demirgüç-Kunt, A., and V. Maksimovic, 2007, "Formal Versus Informal Finance: Evidence from China", *World Bank Policy Research Working Paper Series*, available at SSRN: http://ssrn.com/abstract=1080690

[6] Barkema, H., Chen, X. P., George, G., Luo, Y. and A. S. Tsui, 2011, "West Meets East: New Concepts and Theories", *Academy of Management Journal*, Vol. 54 (3), pp. 642—644.

[7] Barkema, H. G., 2001, "From the Editors", *Academy of Management Journal*, Vol. 44 (4), pp. 615—617.

[8] Barkema, H. G., Baum, J. and E. Mannix, 2002, "Management Challenges in a New Time", *Academy of Management Journal*, Vol. 45 (5), pp. 916—930.

[9] Barney, J., 1991, "Firm Resources and Sustained Competitive Advantage", *Journal of Management*, Vol. 17 (1), pp. 99—120.

[10] Baron, R. M. and D. A. Kenny, 1986, "The Moderator-mediator Variable Distinction in Social Psychological Research: Conceptual, Strategic, and Statistical Considerations", *Journal of Personality and Social Psychology*, Vol. 51, pp. 1173—1182.

[11] Battilana, J., Leca, B. and E. Boxenbaum, 2009, "Agency and Institutions: A Review of Institutional Entrepreneurship", *Academy of Management Annals*, Vol. 3, pp. 65—107.

[12] Baum, J. A. C. , 1996, "Organizational Ecology", In Clegg, S. R. , Hardy, C. and W. R. Nord, *Handbook of Organization Studies*, Sage.

[13] Beatty, R. P. and E. J. Zajac, 1994, "Managerial Incentives, Monitoring, and Risk Bearing: A Study of Executive Compensation, Ownership and Board Structure in Initial Public Offerings", *Administrative Science Quarterly*, Vol. 39 (2), pp. 313—335.

[14] Bebchuk, L. A. and J. M. Fried, 2003, "Executive Compensation as an Agency Problem", *Journal of Economics Perspective*, 17 (3), pp. 71—92.

[15] Bebchuk, L. A. and J. M. Fried, 2004, *Pay without Performance: The Unfulfilled Promise of Executive Compensation*, Harvard University Press.

[16] Becker, C. S. , 1975, *Human Capital: A Theoretical and Empirical Analysis with Special Reference to Education*, University of Chicago Press.

[17] Belliveau, M. , O'Reilly, C. and J. Wade, 1996, "Social Capital at the Top: Effects of Social Similarity and Status in CEO Compensation", *Academy of Management Journal*, 39 (6), pp. 1568—1593.

[18] Berger, P. and E. Ofek, 1995, "Diversification's Effect on Firm Value", *Journal of Financial Economics*, Vol. 37 (1), pp. 39—65.

[19] Bertand, M. and S. Mullainathan, 1999, "Corporate Governance and Executive Compensation: Evidence from Take-over Legislation", Working Paper of Princeton University.

[20] Bertand, M. and S. Mullainathan, 2000, "Agents with and without Principles", *American Economics Review*, 90 (2), pp. 203—208.

[21] Boeker, W. , 1992, "Power and Managerial Dismissal: Scapegoating at the Top", *Administrative Science Quarterly*, 37 (3), pp. 400—421.

[22] Boisot, M. and J. Child, 1996, "From Fiefs to Clans and Network Capitalism: Explaining China's Emerging Economic Order", *Administrative Science Quarterly*, Vol. 41 (4), pp. 600—628.

[23] Boyd, B. K. , Dess, G. , and A. Rasheed, 1993, "Divergence between Archival and Perceptual Measures of the Environment: Causes and Consequences", *Academy of Management Review*, Vol. 18 (2), pp. 204—223.

[24] Carpenter, M. A. and B. R. Golden, 1997, "Perceived Managerial Discretion: A Study of Cause and Effect", *Strategic Management Journal*, Vol. 18 (3), pp. 187—206.

[25] Carroll, G. R. , 1988, *Ecological Models of Organizations*, Ballinger.

[26] Caze, A. J. , 2007, *Three Papers on Managerial Discretion*, PhD dissertation of the University

of Michigan.

[27] Chan, C. M., Makino, S. and T. Isobe, 2010, "Does Subnational Region Matter? Foreign Affiliate Performance in the United States and China", *Strategic Management Journal*, Vol. 31 (11), pp. 1226—1243.

[28] Chang, C. E., and M. L. Wong, 2003, "*Managerial Discretion and Firm Performance in China's Listed Firms*", Working Paper of the University of Hong Kong.

[29] Chen, M. J. and D. Miller, 2010, "West Meets East: Toward an Ambicultural Approach to Management", *Academy of Management Perspectives*, Vol. 24 (4), pp. 17—24.

[30] Chen, M. J. and D. Miller, 2011, "The Relational Perspective as a Business Mindset: Managerial Implications for East and West", *Academy of Management Perspectives*, Vol. 25 (3), pp. 6—18.

[31] Cheng, S. and R. J. Indjejikian, 2009, "The Market for Corporate Control and CEO Compensation: Complements or Substitutes", *Contemporary Accounting Research*, 26 (3), pp. 701—728.

[32] Child, J., 1972, "Organizational Structure, Environment, and Performance: The Role of Strategic Choice", *Sociology*, Vol. 6 (1), pp. 1—22.

[33] Child, J., Chung, L. and H. Davies, 2003, "The Performance of Cross-border Units in China: A Test of Natural Selection, Strategic Choice and Contingency Theories", *Journal of International Business Studies*, Vol. 34 (3), pp. 242—254.

[34] Cho, T. S. and D. C. Hambrick, 2006, "Attention as the Mediator between Top Management Team Characteristics and Strategic Change: The Case of Airline Deregulation", *Organization Science*, Vol. 17 (4), pp. 453—460.

[35] Clarke, D., 2003, "Corporate Governance in China: An Overview", *China Economic Review*, Vol. 14, pp. 494—507.

[36] Coase, R. H., 1937, "The Nature of the Firm", *Economica*, Vol. 4 (16), pp. 386—405.

[37] Conyon, M. J. and S. I. Peck, 1998, "Board Control, Remuneration Committees, and Top Management Compensation", *Academy of Management Journal*, Vol. 41 (2), pp. 146—157.

[38] Crossland, C. and D. C. Hambrick, 2007, "How National Systems Differ in Their Constraints on Corporate Executives: A Study of CEO Effects in Three Countries", *Strategic Management Journal*, Vol. 28 (8), pp. 767—789.

[39] Crossland, C. and D. C. Hambrick, 2011, "Differences in Managerial Discretion across Countries: How Nation-level Institutions Affect the Degree to Which CEOs Matter", *Strategic*

Management Journal, Vol. 32 (8), pp. 797—819.

[40] Crossland, C. and D. C. Hambrick, 2011, "Differences in Managerial Discretion across Countries: How Nation-level Institutions Affect the Degree to Which CEOs Matter", Strategic Management Journal, Vol. 32 (8), pp. 797—819.

[41] Crossland, C. and G. Chen, 2013, "Executive Accountability around the World: Sources of Cross-national Variation in Firm Performance—CEO Dismissal Sensitivity", Strategic Organization, Vol. 11 (1), pp. 78—109.

[42] Crossland, C., 2008, "Do Chief Executive Officers Matter More in Some Countries than Others? The Antecedents and Consequences of Cross-national Differences in Managerial Discretion", PhD Dissertation of the Pennsylvania State University.

[43] Crystal, G. S., 1991, In Search of Excess: The Overcompensation of American Executives, Norton & Company.

[44] Demetz, H., 1983, "The Structure of Ownership and the Theory of the Firm", Journal of Law and Economics, Vol. 26 (2), pp. 375—390.

[45] Dharwadkar, R., George, G. and P. Brandes, 2000, "Privatization in Emerging Economies: An Agency Theory Perspective", Academy of Management Review, Vol. 25 (3), pp. 650—669.

[46] DiMaggio, P. J. and W. W. Powell, 1983, "The Iron Cage Revisited: Institutional Isomorphism and Collective Rationality in Organizational Fields", American Sociological Review, Vol. 48, pp. 147—160.

[47] DiMaggio, P. J., 1988, "Interest and Agency in Institutional Theory", In Zucker, L., Institutional Patterns and Organizations, Ballinger.

[48] Dobbin, F. and T. Boychuk, 1999, "National Employment Systems and Job Autonomy: Why Job Autonomy is High in the Nordic Countries and Low in the United States, Canada, and Australia", Organization Studies, Vol. 20 (2), pp. 257—291.

[49] Dong, J. and Y. N. Gou, 2010, "Corporate Governance Structure, Managerial Discretion, and the R&D Investment in China", International Review of Economics and Finance, Vol. 19 (2), pp. 180—188.

[50] Elenkov, D. S., Judge, W. and P. Wright, 2005, "Strategic Leadership and Executive Innovation Influence: An International Multi-cluster Comparative Study", Strategic Management Journal, Vol. 26, pp. 665—682.

[51] Fama, E. F., 1980, "Agency Problems and the Theory of the Firm", Journal of Political

Economy, Vol. 88 (2), pp. 288—307.

[52] Finkelstein, S. and B. K. Boyd, 1998, "How Much Does the CEO Matter? The Role of Managerial Discretion in the Setting of CEO Compensation", *Academy of Management Journal*, Vol. 41 (2), pp. 179—199.

[53] Finkelstein, S. and A. M. Peteraf, 2007, "Managerial Activities: A Missing Link in Managerial Discretion Theory", *Strategic Organization*, Vol. 5 (3), pp. 237—248.

[54] Finkelstein, S. and D. C. Hambrick, 1988, "Chief Executive Compensation: A Synthesis and Reconciliation", *Strategic Management Journal*, Vol. 9 (6), pp. 543—558.

[55] Finkelstein, S. and D. C. Hambrick, 1989, "Chief Executive Compensation: A Study of the Intersection of Markets and Political Processes", *Strategic Management Journal*, Vol. 10 (2), pp. 121—134.

[56] Finkelstein, S. and D. C. Hambrick, 1990, "Top-Management-Team Tenure and Organizational Outcomes: The Moderating Role of Managerial Discretion", *Administrative Science Quarterly*, Vol. 35 (3), pp. 484—503.

[57] Finkelstein, S., 1992, "Power in Top Management Teams: Dimensions, Measurement, and Validation", *Academy of Management Journal*, Vol. 35 (3), pp. 505—538.

[58] Finkelstein, S., Hambrick, D. C. and A. A. J. Cannella, 2009, *Strategic Leadership: Theory and Research on Executives, Top Management Teams, and Boards*, Oxford University Press.

[59] Firth, M., Fung, P. M. Y. and O. M. Rui, 2006, "Corporate Governance and CEO Compensation in China", *Journal of Corporate Finance*, Vol. 12 (4), pp. 693—714.

[60] Fox, I. and A. Marcus, 1992, "The Causes and Consequences of Leveraged Management Buyouts", *Administrative Science Quarterly*, Vol. 17 (1), pp. 62—85.

[61] Friedman, T. L., 2005, *The World is Flat: The Globalized World in the Twenty-first Century*, New York: Farrar, Straus and Giroux.

[62] Ganster, D. C., 1989, "Worker Control and Well-Being: A Review of Research in the Workplace", In Sauter, S., Hurrell, J. and C. Cooper, *Job Control and Worker Health*, pp. 3—24, Chi Chester: Wiley.

[63] Gaver, J. J. and K. M. Gaver, 1995, "Compensation Policy and the Investment Opportunity Set", *Financial Management*, Vol. 24 (1), pp. 19—32.

[64] Gedajlovic, E. and D. Shapiro, 2002, "Ownership Structure and Firm Profitability in Japan", *Academy of Management Journal*, Vol. 45 (3), pp. 565—575.

[65] Gerakos, J., 2007, "CEO Pensions: Disclosure, Managerial Power, and Optimal Contracting", Pension Research Council Working Paper No. WP2007-5. Available at SSRN: http://ssrn.com/abstract=982180 or http://dx.doi.org/10.2139/ssrn.982180

[66] Gerhart, B. A. and G. T. Milkovich, 1990, "Organizational Differences in Managerial Compensation and Financial Performance", *Academy of Management Journal*, Vol. 33 (4), pp. 663—691.

[67] Gomez-Mejia, L. R., Tosi, H. and T. Hinkin, 1987, "Managerial Control, Performance, and Executive Compensation", *Academy of Management Journal*, Vol. 30 (1), pp. 51—70.

[68] Gorodnichenko, Y., Svejnar, J. and K. Terrell, 2010, "Globalization and Innovation in Emerging Markets", *American Economic Journal: Macroeconomics*, Vol. 2 (2), pp. 194—226.

[69] Greenwood, R. and R. Suddaby, 2006, "Institutional Entrepreneurship in Mature Fields: The Big Five Accounting Firms", *Academy of Management Journal*, Vol. 49 (1), pp. 27—48.

[70] Gusio, L., Sapienza, P. and L. Zingales, 2004, "The Role of Social Capital in Financial Development", *American Economic Review*, Vol. 94 (3), pp. 526—556.

[71] Haleblian, J. and S. Finkelstein, 1993, "Top Management Team Size, CEO Dominance, and Firm Performance: The Moderating Roles of Environmental Turbulence and Discretion", *Academy of Management Journal*, Vol. 36 (4), pp. 844—863.

[72] Hallock, K. F., 1997, "Reciprocally Interlocking Boards of Directors and Executive Compensation", *Journal of Finance and Quantitative Analysis*, Vol. 32 (2), pp. 331—344.

[73] Hambrick D. C. and E. Abrahamson, 1995, "Assessing Managerial Discretion across Industries: A Multi-Method Approach", *Academy of Management Journal*, Vol. 38, pp. 1427—1441.

[74] Hambrick, D. C. and P. A. Mason, 1984, "Upper Echelons: The Organization as a Reflection of Its Top Managers", *Academy of Management Review*, Vol. 9, pp. 193—206.

[75] Hambrick, D. C., 2007, "Upper Echelons Theory: An Update", *Academy of Management Review*, Vol. 32 (2), pp. 334—343.

[76] Hambrick, D. C., Finkelstein, S., Cho, T. S. and E. M. Jackson, 2004, "Isomorphism in Reverse: Institutional Theory as an Explanation For Recent Increases in Intra-Industry Heterogeneity and Managerial Discretion", In Staw, B. M. and L. L. Cummings, *Research in Organizational Behavior*, JAI Press.

[77] Hambrick, D. C., Geletkanycz, M. A. and J. W. Fredrickson, 1993, "Top Executive Commitment to the Status Quo: Some Tests of Its Determinants", *Strategic Management Journal*, Vol. 14 (6), pp. 401—418.

[78] Hambrick, D. C. and S. Finkelstein, 1987, "Managerial Discretion: A Bridge between Polar Views of Organizational Outcomes", In Staw, B. M. and L. L. Cummings, *Research in Organizational Behavior*, JAI Press.

[79] Hambrick, D. C. and S. Finkelstein, 1995, "The Effects of Ownership Structure on Conditions at the Top: The Case of CEO Pay Raises", *Strategic Management Journal*, Vol. 16 (3), pp. 175—193.

[80] Hambrick, D. C. and S. M. Schecter, 1983, "Turnaround Strategies for Mature Industrial-Product Business Units", *Academy of Management Journal*, Vol. 26 (2), pp. 231—248.

[81] Hambrick, D. C., 2007, "Upper Echelons Theory: An Update", *Academy of Management Review*, Vol. 32 (2), pp. 334—343.

[82] Hambrick, D. C., Geletkanycz, M. A. and J. W. Fredrickson, 1993, "Top Executive Commitment to the Status Quo: Some Tests of Its Determinants", *Strategic Management Journal*, Vol. 14 (6), pp. 401—418.

[83] Hannan, M. T. and J. Freeman, 1977, "The Population Ecology of Organizations", *American Journal of Sociology*, Vol. 82, pp. 929—964.

[84] Hannan, M. T. and J. Freeman, 1984, "Structural Inertia and Organizational Change", *American Sociological Review*, Vol. 49 (2), pp. 149—164.

[85] Henderson, A. D. and J. W. Frederickson, 1996, "Information-processing Demands as a Determinant of CEO Compensation", *Academy of Management Journal*, Vol. 39 (3), pp. 575—606.

[86] Hendrickson, C. and W. Harrison, 1998, "Consistency vs. Flexibility: The impact of Employee Voice in Rule-based and Discretionary Decision Procedures", *Employee Responsibilities and Rights Journal*, Vol. 11 (4), pp. 279—295.

[87] Hill, C. W. L. and S. A. Snell, 1989, "Effects of Ownership Structure and Control on Corporate Productivity", *Academy of Management Journal*, Vol. 32 (1), pp. 25—46.

[88] Hirschman, A. O., 1970, *Exit, Voice, and Loyalty: Responses to Decline in Firms, Organizations, and States*, Harvard University Press.

[89] Hitt, M. A., Hoskisson, R. E. and H. Kim, 1997, "International Diversification: Effects on Innovation and Firm Performance in Product Diversified Firms", *Academy of Management*

Journal, Vol. 40 (4), pp. 767—798.

[90] Holmes, R. M., Miller, T., Hitt, M. A. and Salmador, M. P., 2013, "The Interrelationships among Informal Institutions, Formal Institutions, and Inward Foreign Direct Investment", *Journal of Management*, Vol. 39 (2), pp. 531—566.

[91] Holmstrom, B., 1979, "Moral Hazard and Observability", *Bell Journal of Economics*, Vol. 10 (1), pp. 74—91.

[92] Hrebiniak, L. G. and W. F. Joyce, 1985, "Organizational Adaptation: Strategic Choice and Environmental Determinism", *Administrative Science Quarterly*, Vol. 30 (3), pp. 336—349.

[93] Hubbard, R. G. and D. Palia, 1995, "Executive Pay and Performance: Evidence from the U. S. Banking Industry", *Journal of Financial Economics*, Vol. 39 (1), pp. 105—130.

[94] Jensen, M. C. and W. H. Meckling, 1976, "Theory of the Firm: Managerial Behavior, Agency Costs, and Ownership Structure", *Journal of Financial Economics*, Vol. 3, pp. 305—360.

[95] Jensen, M. C., Murphy, K. J. and E. G. Wruck, 2004, Remuneration: Where We've Been, How We Got to Here, What are the Problems, and How to Fix them, Harvard NOM Working Paper No. 04-28; ECGI - Finance Working Paper No. 44/2004. Available at SSRN: http://ssrn.com/abstract=561305 or http://dx.doi.org/10.2139/ssrn.561305

[96] Kato, T. and C. Long, 2005, "Executive Compensation, Firm Performance and Corporate Governance in China: Evidence from Firms Listed in the Shanghai and Shenzhen Stock Exchanges", *Economic Development and Cultural Change*, Vol. 54 (4), pp. 945—983.

[97] Keats, B. W. and M. A. Hitt, 1988, "A Causal Model of Linkages among Environmental Dimensions, Macro Organizational Characteristics, and Performance", *Academy of Management Journal*, Vol. 31, pp. 570—598.

[98] Key, S., 1997, "Analyzing Managerial Discretion: An Assessment Tool to Predict Individual Policy Decisions", *International Journal of Organizational Analysis*, Vol. 5 (2), pp. 134—155.

[99] Kim, B. and J. Prescott, 2005, "Deregulatory Forms, Variations in the Speed of Governance Adaptation, and Firm Performance", *Academy of Management Review*, Vol. 30 (2), pp. 414—425.

[100] Kirkman, B. L. and K. S. Law, 2005, "International Management Research in AMJ: Our Past, Present, and Future", *Academy of Management Journal*, Vol. 48 (3), pp. 377—386.

[101] Kiser, E., 1999, "Comparing Varieties of Agency Theory in Economics, Political Science, and Sociology: An Illustration from State Policy Implementation", *Sociological Theory*, Vol. 17 (2), pp. 146—170.

[102] Lenz, R. T., 1981, "'Determinants' of Organizational Performance: An Interdisciplinary Review", *Strategic Management Journal*, Vol. 2, pp. 131—154.

[103] Li, J. T. and Y. Tang, 2010, "CEO Hubris and Firm Risk Taking in China: The Moderating Role of Managerial Discretion", *Academy of Management Journal*, Vol. 53, pp. 45—68.

[104] Li, W. W., 2011, *Do Institutions Matter for CEO Dismissal*? PhD dissertation of Chinese University of Hong Kong.

[105] Li, X. Y., 2010, "Managerial Autonomy, Incentive and Firm Performance: Evidence from Investment Climate Survey in China", CFRN Working Paper, Available at CFRN: http://www.cfrn.com.cn/getPaper.do?id=2657

[106] Luo, Y. D., 2001, "Determinants of Entry in an Emerging Economy: A Multilevel Approach", *Journal of Management Studies*, Vol. 38 (3), pp. 443—472.

[107] Magnan, M. L. and S. St-Onge, 1997, "Bank Performance and Executive Compensation: A Managerial Discretion Perspective", *Strategic Management Journal*, Vol. 18 (7), pp. 573—581.

[108] March, J. G. and H. A. Simon, 1958, *Organizations*, New York: John Wiley & Sons, Inc.

[109] Marris, R., 1964, *The Economic Theory of 'Managerial' Capitalism*, Free Press of Glencoe.

[110] Maskus, K. E., 2000, *Intellectual Property Rights in the Global Economy*, Peterson Institute for International Economics.

[111] McKnight, P. J., Tomkins, C., Weir, C. and D. Hobson, 2000, "CEO Age and Top Executive Pay: A UK Empirical Study", *Journal of Management & Governance*, Vol. 4 (3), pp. 173—187.

[112] Mengistae, T. and L. C. Xu, 2004, "Agency Theory and Executive Compensation: The Case of Chinese State-Owned Enterprises", *Journal of Labor Economics*, Vol. 22 (3), pp. 615—637.

[113] Meyer, K. E. and H. V. Nguyen, 2005, "Foreign Investment Strategies and Subnational Institutions in Emerging Markets: Evidence from Vietnam", *Journal of Management Studies*, Vol. 42 (1), pp. 63—93.

[114] Miller, D. and M. J. Chen, 1994, "Sources and Consequences of Competitive Inertia: A Study of the U.S. Airline Industry", *Administrative Science Quarterly*, Vol. 39 (1), pp. 1—23.

[115] Misangyi, V., 2002, *A Test of Alternative Theories of Managerial Discretion*, PhD Dissertation of University of Florida.

[116] Montanari, J., 1978, "Managerial Discretion: An Expand Model of Organizational Choice", *Academy of Management Review*, Vol. 3, pp. 231—241.

[117] Morris, G. D. L., 1998, "Competitiveness Narrows Gaps among Producers", *Chemical Week*, Vol. 160 (32), pp. 70—71.

[118] Newman, H. A. and H. A. Mozes, 1999, Does the Composition of the Compensation Committee Influence CEO Compensation Practices? *Financial Management*, Vol. 28 (3), pp. 41—53.

[119] Offstein, E. H., Harrell-Cook, G. and A. Tootoonchi, 2005, "Top Management Team Discretion and Impact: Drivers of a Firm's Competitiveness", *Competitiveness Review*, Vol. 15 (2), pp. 82—91.

[120] Olk, P. and M. Elvira, 2001, "Friends and Strategy Agents: The role of Friendship and Discretion in Negotiating Strategic Alliances", *Group and Organization Management*, Vol. 26 (2), pp. 124—164.

[121] Ou, A. Y., Tsui, A. S., Kinicki, A. J., Waldman, D. A., Xiao, Z. X. and L. J. Song, forthcoming, "Understanding Humble Chief Executive Officers: Connections to Top Management Team Integration and Middle Manager Responses", *Administrative Science Quarterly*.

[122] Peng, M. W., Sun, S. L., Pinkham, B. and H. Chen, 2009, "The Institution-based View as a Third Leg for a Strategy Tripod", *Academy of Management Perspective*, Vol. 23 (4), pp. 63—81.

[123] Peng, M. W. and P. S. Heath, 1996, "The Growth of the Firm in Planed Economies in Transition: Institutions, Organizations, and Strategic Choice", *Academy of Management Review*, Vol. 21 (2), pp. 492—528.

[124] Peng, M. W., 2002, "Towards an Institution-based View of Business Strategy", *Asia Pacific Journal of Management*, Vol. 19 (2—3), pp. 251—267.

[125] Phan, P. and C. Hill, 1995, "Organizational Restructuring and Economic Performance in Leveraged Buyouts: An Ex-Post Study", *Academy of Management Journal*, Vol. 38 (3), pp. 704—739.

[126] Porter, M. E., 1980, *Competitive Strategy: Techniques for Analyzing Industries and Competitors*, The Free Press.

[127] Porter, M. E., 1985, *Competitive Advantage: Creating and Sustaining Superior Performance*, The Free Press.

[128] Powell, W. W., 1990, "Neither Market Nor Hierarchy: Network Forms of Organization", *Research in Organizational Behavior*, Vol. 12, pp. 295—336.

[129] Rajagopalan, N. and S. Finkelstein, 1992, "Effects of Strategic Orientation and Environmental Change on Senior Management Reward Systems", *Strategic Management Journal*, Vol. 13 (Special Issue), pp. 127—142.

[130] Rajagopalan, N., 1997, "Strategic Orientations, Incentive Plan Adoptions, and Firm Performance: Evidence from Electric Utility Firms", *Strategic Management Journal*, Vol. 18 (10), pp. 765—785.

[131] Schultz, T. W., 1961, "Investment in Human Capital", *American Economic Review*, Vol. 51, pp. 1—17.

[132] Shalley, C. E., 1991, "Effects of Productivity Goals, Creativity Goals, and Personal Discretion on Individual Creativity", *Journal of Applied Psychology*, Vol. 17 (2), pp. 179—185.

[133] Shen, W. and T. S. Cho, 2005, "Exploring Involuntary Executive Turnover through a Managerial Discretion Framework", *Academy of Management Review*, Vol. 30, pp. 843—854.

[134] Singh, J. V. and C. J. Lumsden, 1990, "Theory and Research in Organizational Ecology", *Annual Review of Sociology*, Vol. 16, pp. 161—195.

[135] Sobel, M. E., 1982, "Asymptotic Confidence Intervals for Indirect Effects in Structural Equation Models", In S. Leinhardt (Ed.), *Sociological methodology*, American Sociological Association.

[136] Sun, Q. and W. Tong, 2003, "China Share Issue Privatization: The Extent of Its Success", *Journal of Financial Economics*, Vol. 70, pp. 183—222.

[137] Thompson, J. D., 1967, *Organizations in Action*. McGraw-Hill.

[138] Tosi, H. and L. Gomez-Mejia, 1989, "The Decoupling of CEO Pay and Performance: An Agency Theory Perspective", *Administrative Science Quarterly*, Vol. 34 (2), pp. 169—189.

[139] Tsui, A. S., 2007, "From Homogenization to Pluralism: International Management Research in the Academy and Beyond", *Academy of Management Journal*, Vol. 50 (6),

pp. 1353—1364.

[140] Tsui, A. S., 2009, "Editor's Introduction—Autonomy of Inquiry: Shaping the Future of Emerging Scientific Communities", *Management and Organization Review*, Vol. 5 (1), pp. 1—14.

[141] Tsui, A. S., Egan, T. D. and C. A. O'Reilly, 1992, "Being Different: Relational Demography and Organizational Attachment", *Administrative Science Quarterly*, Vol. 37 (4), pp. 549—579.

[142] Uslaner, E. M., 2002, *The Moral Foundations of Trust*, Cambridge University Press.

[143] Volken, T., 2002, "Generalisiertes Vertrauen: Zur Reliabilität und Validität eines verbreiteten Messinstruments in Wirtschaftssoziologisches Forschungszusammenhängen", Mimeo, University of Zürich.

[144] Wang, L. and N. Huyghebaert, 2009, "Institutions, Ownership Structure and Financing Decisions: Evidence from Chinese Listed Firms", CFRN Working Paper, Available at CFRN: http://www.cfrn.com.cn/getPaper.do?id=2176

[145] Williamson, O. E., 1963, "Managerial Discretion and Business Behavior", *American Economic Review*, Vol. 53 (5), pp. 1032—1057.

[146] Wooldridge, J., 2002, *Econometric Analysis of Cross-section and Panel Data*, MIT Press.

[147] Wright, M., Filatotchev, I., Hoskisson, R. E. and M. W. Peng, 2005, "Strategy Research in Emerging Economies: Challenging the Conventional Wisdom", *Journal of Management Studies*, Vol. 42 (1), pp. 1—33.

[148] Wright, P., Kroll, M. and D. Elenkov, 2002, Acquisition Returns, Increase in Firm Size, and Chief Executive Officer Compensation: The Moderating Role of Monitoring, *Academy of Management Journal*, Vol. 45 (3), pp. 599—608.

[149] Xin, K. R. and J. L. Pearce, 1996, "Guanxi: Connections as Substitutes for Formal Institutional Support", *Academy of Management Journal*, Vol. 39 (6), pp. 1641—1658.

[150] Yang, Z. L., Su, C. T. and K. S. Fam, "Dealing with Institutional Distance in International Marketing Channels: Governance Strategies That Engender Legitimacy and Efficiency", *Journal of Marketing*, Vol. 76, pp. 41—55.

[151] Yin, X. K., 2003, "The Strategic Choice of Managers and Managerial Discretion", *Australia Economic Papers*, Vol. 42 (4), pp. 373—385.

[152] Young, M. N. and A. K. Buchholtz, 2002, "Firm Performance and CEO Pay: Relational Demography as a Moderator", *Journal of Management Issues*, Vol. 14 (3), pp. 296—313.

[153] Zhou, K. Z. and L. Poppo, 2010, "Exchange Hazards, Relational Reliability, and Contracts in China: The Contingent Role of Legal Enforceability", *Journal of International Business Studies*, Vol. 41 (5), pp. 861—881.

[154] Zohar, D. and G. Luria, 2005, "A Multilevel Model of Safety Climate: Cross-level Relationships between Organization and Group-level Climates", *Journal of Applied Psychology*, Vol. 90 (4), pp. 616—628.

[155] Zucchi, K.:"地域多元化失败之后",福布斯中文网,http://www.forbeschina.com/review/201007/0002561.shtml,2010年7月21日。

[156] 鲍丹:"谣言泛滥体现出社会信任度降低",《人民日报》,2011年9月1日。

[157] 曹琪格、任国良、骆雅丽:"区域制度环境对企业技术创新的影响",《财经科学》,2014年第1期。

[158] 陈传明、孙俊华:"企业家人口背景特征与多元化战略选择——基于中国上市公司面板数据的实证研究",《管理世界》,2008年第5期。

[159] 陈闯、刘天宇:"创始经理人、管理层股权分散度与研发决策",《金融研究》,2012年第7期。

[160] 陈惠源:"探讨经理自主权对上市公司绩效的影响——基于不同的经理持股水平",浙江大学硕士论文,2005年。

[161] 陈静:"经理自主度与CEO薪酬关系的实证研究",重庆大学硕士论文,2007年。

[162] 陈爽英、井润田、龙小宁、邵云飞:"民营企业家社会关系资本对研发投资决策影响的实证研究",《管理世界》,2010年第1期。

[163] 陈效东、周嘉南:"高管股权激励与公司研发支出水平关系研究——来自A股市场的经验证据",《证券市场导报》,2014年第2期。

[164] 陈信元、陈冬华、万华林、梁上坤:"地区差异、薪酬管制与高管腐败",《管理世界》,2009年第11期。

[165] 陈信元、黄俊:"政府干预、多元化经营与公司业绩",《管理世界》,2007年第1期。

[166] 陈志广:"高级经理人员报酬的实证研究",《当代经济科学》,2002年第5期。

[167] 谌新民、刘善敏:"上市公司经营者报酬结构性差异的实证研究",《经济研究》,2003年第8期。

[168] 戴魁早:"垂直专业化与研发投入——来自中国高技术产业的经验证据",《财经研究》,2012年第5期。

[169] 戴小勇、成力为:"集团化经营方式与企业研发投资的配置效率",《改革》,2012年第12期。

[170] 窦鹏:"经理自主权与高管薪酬差距的关系——以我国医药类上市公司为例",南京师范大学硕士论文,2011年。

[171] 杜大伟、王水林、徐立新和时安卿:"改善投资环境,提升城市竞争力:中国23个城市投资环境排名",世界银行研究局,2003年12月。

[172] 樊纲、王小鲁、朱恒鹏:"中国市场化指数——各地区市场化相对进程2009年度报告",经济科学出版社,2010年。

[173] 方芳、翟华云:"企业生命周期、经理自主权与研发投入的关系研究",《证券市场导报》,2013年第7期。

[174] 方军雄:"我国上市公司高管的薪酬存在粘性吗?",《经济研究》,2009年第3期。

[175] 〔美〕弗兰西斯·福山著,李宛容译:《信任——社会道德与繁荣的创造》,远方出版社,1998年。

[176] 高遐、井润田、万媛媛:"管理决断权、高管薪酬与企业绩效的实证研究",《第四届中国管理学年会——组织与战略分会场论文集》,2009年。

[177] 巩娜:"家族企业、股权激励与研发投入",《证券市场导报》,2013年第8期。

[178] 顾元媛、沈坤荣:"地方政府行为与企业研发投入——基于中国省际面板数据的实证分析",《中国工业经济》,2012年第10期。

[179] 郭葆春、张丹:"中小创新型企业高管特征与研发投入行为研究——基于高阶管理理论的分析",《证券市场导报》,2013年第1期。

[180] 郭重庆:"直面中国管理实践,跻身管理科学前沿——为中国管理科学的健康发展而虑",《管理科学学报》,2012年第6期。

[181] 郭重庆:"中国管理学界的社会责任与历史使命",《中国科学院院刊》,2007年第2期。

[182] 郭重庆:"中国管理学者该登场了",《管理学报》,2011年第12期。

[183] 国家统计局、国家发展和改革委员会、科学技术部:《中国高技术产业统计年鉴》(2005,2006,2007),中国统计出版社,2006年,2007年,2008年。

[184] 韩柳洁:"多地连遭'血荒'信任危机被指推高采血难度",《人民政协报》,2011年11月14日。

[185] 贺小刚、李新春:"企业家能量与企业成长:基于中国经验的实证研究",《经济研究》,2005年第10期。

[186] 胡玲:"跨国公司在华子公司的战略地位、自主权及其绩效研究",《科学学与科学技术管理》,2012年第11期。

[187] 胡旭阳、史晋川:"民营企业的政治资源与民营企业多元化投资——以中国民营企业500强为例",《中国工业经济》,2008年第4期。

[188] 胡祖光、张铭:"何谓'制度企业家'? 谁会成为'制度企业家'? ——来自组织新制度主义的观点",《社会科学战线》,2010 年第 10 期。

[189] 黄冬娅:"企业家如何影响地方政策过程——基于国家中心的案例分析和类型建构",《社会学研究》,2013 年第 5 期。

[190] 黄振奇:"对国营企业扩大经营管理自主权几个问题的探讨",《经济研究》,1982 年第 3 期。

[191] 纪晓丽:"市场化进程、法制环境与技术创新",《科研管理》,2011 年第 5 期。

[192] 贾良定、张君君、钱海燕、崔荣军、陈永霞:"企业多元化的动机、时机和产业选择——西方理论和中国企业认识的异同研究",《管理世界》,2005 年第 8 期。

[193] 江雅雯、黄燕、徐雯:"政治联系、制度因素与企业的创新活动",《南方经济》,2011 年第 11 期。

[194] 姜付秀:"我国上市公司多元化经营的决定因素研究",《管理世界》,2006 年第 5 期。

[195] 解维敏、方红星:"金融发展、融资约束与企业研发投入",《金融研究》,2011 年第 5 期。

[196] 金辉:"蔡洪滨:扩大内需还须统一国内市场",《经济参考报》,2011 年 10 月 17 日。

[197] 金祥荣、茹玉骢、吴宏:"制度、企业生产效率与中国地区间出口差异",《管理世界》,2008 年第 11 期。

[198] 井润田:"行业层面的管理决断权度量及其对高管薪酬的影响",《系统工程与和谐管理——第十届全国青年系统科学与管理科学学术会议论文集》,2009 年。

[199] 敬采云、闫静:"案例对比分析研究方法论",《西南科技大学学报(哲学社会科学版)》,2012 年第 5 期。

[200] 康艳玲、黄国良、陈克兢:"高管特征对研发投入的影响——基于高技术产业的实证分析",《科技进步与对策》,2011 年第 8 期。

[201] 康志勇:"融资约束、政府支持与中国本土企业研发投入",《南开管理评论》,2013 年第 5 期。

[202] 蓝海林、汪秀琼、吴小节、宋铁波:"基于制度基础观的市场进入模式影响因素:理论模型构建与相关研究命题的提出",《南开管理评论》,2010 年第 6 期。

[203] 李健:"进一步加快学校科学发展——在 2011 年工作研讨会上的讲话(摘要)",武汉大学新闻网,http://news.whu.edu.cn/info/1009/30941.htm,2011-02-25。

[204] 李蕊、沈坤荣:"中国知识产权保护对企业创新的影响及其变动机制研究",《经济管理》,2014 年第 4 期。

[205] 李善民、周小春:"公司特征、行业特征和并购战略类型的实证研究",《管理世界》,2007 年第 3 期。

[206] 李涛、黄纯纯、何兴强、周开国:"什么影响了居民的社会信任水平?——来自广东省的经验证据",《经济研究》,2008年第1期。

[207] 李涛:"社会互动、信任与股市参与",《经济研究》,2006年第1期。

[208] 李涛:"双方关系、关系网络、法院与政府:中国非国有企业间信任的研究",《经济研究》,2004年第11期。

[209] 李银河:"中国为什么会出现信任危机",《东方女性》,2012年第12期。

[210] 李有根、赵西萍:"大股东股权、经理自主权与公司绩效",《中国软科学》,2004年第4期。

[211] 李有根、赵锡斌:"国外经理自主权研究及测量",《外国经济与管理》,2003年第12期。

[212] 李有根:"公司治理中的经理自主权研究",西安交通大学博士学位论文,2002年。

[213] 李增泉:"激励机制与企业绩效——一项基于上市公司的实证研究",《会计研究》,2000年第1期。

[214] 李征:"国家领导权、监督权与企业自主权融合——新加坡政府对国有企业的管理",《计划与市场》,1996年第4期。

[215] 连燕玲等:"经营期望、管理自主权与战略变革——基于中国上市公司的数据分析",中国经济学学术资源网,http://www.erj.cn/cn/lwInfo.aspx?m=20100921113738390893&n=20131015105923140677,2013年10月。

[216] 廖信林、顾炜宇、王立勇:"政府研发资助效果、影响因素与资助对象选择——基于促进企业研发投入的视角",《中国工业经济》,2013年第11期。

[217] 林承亮、许为民:"增进或挤出:公共研究机构与企业研发投入关系的考察",《浙江社会科学》,2013年第8期。

[218] 林青松:"如何正确地认识企业自主权的客观依据",《经济研究》,1980年第12期。

[219] 林亚清、赵曙明:"政治网络战略、制度支持与战略柔性——恶性竞争的调节作用",《管理世界》,2013年第4期。

[220] 林洲钰、林汉川:"中国制造业企业的技术创新活动——社会资本的作用",《数量经济技术经济研究》,2012年第10期。

[221] 刘斌、刘星、李世新、何顺文:"CEO薪酬与企业业绩互动效应的实证检验",《会计研究》,2003年第3期。

[222] 刘凤委、李琳、薛云奎:"信任、交易成本与商业信用模式",《经济研究》,2009年第8期。

[223] 刘慧龙、张敏、王亚平、吴联生:"政治关联、薪酬激励与员工配置效率",《经济研究》,2010年第9期。

[224] 卢馨、郑阳飞、李建明:"融资约束对企业研发投资的影响研究——来自中国高新技术上市公司的经验证据",《会计研究》,2013年第5期。

[225] 鲁桐、党印:"公司治理与技术创新:分行业比较",《经济研究》,2014年第6期。

[226] 罗正英、汤玲玲、常嫦:"高管团队人力资本、激励机制与企业研发投入",《苏州大学学报(哲学社会科学版)》,2013年第1期。

[227] 马国川:"刘道玉:中国需要一场真正的教育体制变革",《经济观察报》,2008年2月1日。

[228] 梅波:"行业周期、两类代理冲突与研发费用投入——来自企业和行业层面的证据",《财经论丛》,2013年第4期。

[229] 潘越、戴亦一、吴超鹏、刘建亮:"社会资本、政治关系与公司投资决策",《经济研究》,2009年第11期。

[230] 彭倩:"经理自主权及其与研发投入关系的实证研究——来自中国上市公司制造业的经验证据",浙江理工大学硕士论文,2011年。

[231] 皮建才:"中国地方政府间竞争下的区域市场整合",《经济研究》,2008年第3期。

[232] 冉光和、张冰、庞新军:"金融发展、外商直接投资与企业研发投入——基于中国省级面板数据的实证研究",《经济经纬》,2013年第2期。

[233] 饶品贵、石孟卿、姜国华、陈冬华:"宏观经济政策与微观企业行为互动关系研究——首届'宏观经济政策与微观企业行为'学术研讨会综述",《经济研究》,2013年第2期。

[234] 邵敏:"信贷融资、人力资本与中国企业的研发投入",《财经研究》,2012年第10期。

[235] 沈坤荣、付文林:"税收竞争、地区博弈及其增长绩效",《经济研究》,2006年第6期。

[236] 世界银行:"政府治理、投资环境与和谐社会:中国120个城市竞争力的提升",中国财政经济出版社,2007年。

[237] 世界银行和国务院发展研究中心联合课题组:"2030年的中国:建设现代、和谐、有创造力的高收入社会",中国财政经济出版社,2013年。

[238] 舒谦、陈治亚:"治理结构、研发投入与公司绩效——基于中国制造型上市公司数据的研究",《预测》,2014年第3期。

[239] 苏文兵、李心合、徐东辉、许佳:"经理自主权与研发投入的相关性检验——来自中国证券市场的经验证据",《研究与发展管理》,2010年第4期。

[240] 孙志燕:"中央—地方政府权责配置优化的原则思路及关键环节",国务院发展研究中心《调查研究报告》,2013年第125号(总4374号),http://www.drc.gov.cn/xscg/20130719/182-224-2875626.htm。

[241] 唐清泉、高亮、李懿东:"企业转型升级与研发投入的外部环境研究——基于政治关系

和市场化进程的视角",《当代经济管理》,2011年第6期。

[242] 唐跃军、左晶晶:"所有权性质、大股东治理与公司创新",《金融研究》,2014年第6期。

[243] 王立清、杨宝臣、高常水:"制度环境对企业研发投入的影响——基于中国上市公司的经验证据",《科技进步与对策》,2011年第22期。

[244] 王丽敏、李凯、王世权:"大型国有分公司总经理自主权评价及实证分析",《管理学报》,2010年第10期。

[245] 王世权、牛建波:"国有大型总分公司式企业集团分公司总经理自主权评价及实证分析——基于省级分公司问卷调研的研究",《第三届(2008)中国管理学年会论文集》。

[246] 尉安宁:"管理自主权、市场行为与效率——中国国营工业企业403家样本的实证分析",《管理世界》,1990年第5期。

[247] 魏刚:"高级管理层激励与上市公司经营业绩",《经济研究》,2000年第3期。

[248] 温军、冯根福:"异质机构、企业性质与自主创新",《经济研究》,2012年第3期。

[249] 温忠麟、张雷、侯杰泰:"有中介的调节变量和有调节的中介变量",《心理学报》,2006年第3期。

[250] 巫景飞等:"高层管理者政治网络与企业多元化战略:社会资本视角——基于我国上市公司面板数据的实证分析",《管理世界》,2008年第9期。

[251] 吴晓波:《激荡三十年:中国企业1978—2008》,中信出版社,2008年。

[252] 吴延兵:"研发与生产率——基于中国制造业的实证研究",《经济研究》,2006年第11期。

[253] 吴祖光、万迪昉:"政府研发资助理论、资助效果与评价研究述评",《科技进步与对策》,2013年第17期。

[254] 习近平:"正确发挥市场作用和政府作用,推动经济社会持续健康发展",《人民日报》,2014年5月28日。

[255] 相里六续:"制度企业家在可再生能源产业发展中的作用探析",《西安交通大学学报(哲学社会科学版)》,2009年第3期。

[256] 肖继辉、彭文平:"上市公司总经理报酬业绩敏感性研究",《财经研究》,2004年第12期。

[257] 谢德仁、林乐、陈运森:"薪酬委员会独立性与更高的经理人报酬-业绩敏感度——基于薪酬辩护假设的分析和检验",《管理世界》,2012年第1期。

[258] 谢佩洪、王在峰:"基于制度基础观的ICP范式的构建及其分析——对我国企业多元化经营的剖析",《财经科学》,2008年第2期。

[259] 谢绚丽、赵胜利:"中小企业的董事会结构与战略选择——基于中国企业的实证研

究",《管理世界》,2011年第1期。

[260] 谢震、艾春荣:"分析师观望与公司研发投入:基于中国创业板公司的分析",《财经研究》,2014年第2期。

[261] 辛清泉、谭伟强:"市场化改革、企业业绩与国有企业经理薪酬",《经济研究》,2009年第11期。

[262] 徐淑英:"中国管理研究的现状及发展前景",《光明日报》,2011年7月29日。

[263] 许冰:"外商直接投资对区域经济的产出效应",《经济研究》,2010年第2期。

[264] 许超声:"国务院批准地方自主发债",《新民晚报》,2014年5月22日。

[265] 许德音、周长辉:"中国战略管理学研究现状评估",《管理世界》,2004年第5期。

[266] 严霞、王宁:"'公款吃喝'的隐性制度化——一个中国县级政府的个案研究",《社会学研究》,2013年第5期。

[267] 杨典:"国家、资本市场与多元化战略在中国的兴衰——一个新制度主义的公司战略解释框架",《社会学研究》,2011年第6期。

[268] 杨贺、柯大钢、马春爱:"经理人控制对高级管理人员报酬制定影响的实证研究",《管理科学》,2005年第6期。

[269] 杨瑞龙:"论在落实企业自主权中的几个误区",《学习与探索》,1994年第1期。

[270] 尹志锋、叶静怡、黄阳华、秦雪征:"知识产权保护与企业创新:传导机制及其检验",《世界经济》,2013年第12期。

[271] 游星宇:"丁磊:谁创新谁倒霉",《南方都市报》,2012年1月7日。

[272] 袁宝华:"企业自主权是怎样突破坚冰的——回忆30年企业改革历程(上)",《中外管理》,2009年第1期。

[273] 袁春生:"公司治理中经理自主权的壁垒效应解析",《管理评论》,2009年第12期。

[274] 张必武、石金涛:"董事会特征、高管薪酬与薪绩敏感性——中国上市公司的经验分析",《管理科学》,2005年第4期。

[275] 张超、王春杨:"地方政府竞争视角下的我国区域市场分割研究综述",《经济问题探索》,2013年第2期。

[276] 张建君、李宏伟:"私营企业的企业家背景、多元化战略与企业业绩",《南开管理评论》,2007年第10期。

[277] 张杰、芦哲、郑文平、陈志远:"融资约束、融资渠道与企业研发投入",《世界经济》,2012年第10期。

[278] 张杰、芦哲:"知识产权保护、研发投入与企业利润",《中国人民大学学报》,2012年第5期。

[279] 张俊生、曾亚敏:"社会资本与区域金融发展——基于中国省际数据的实证研究",《财经研究》,2005年第4期。

[280] 张雷:"基于制度视角的企业多元化分析框架研究",《山东大学学报(哲学社会科学版)》,2011年第5期。

[281] 张三保、舒熳:"'英雄'的盛与衰",《管理学家(实践版)》,2014年第8期。

[282] 张三保、张志学、秦昕:"地区市场分割边界、高管权力配置与企业地域多元化",《第二届宏观经济政策与微观企业行为学术研讨会论文集》,2013年11月。

[283] 张三保、张志学:"管理自主权:融会中国与西方、连接宏观与微观",《管理世界》,2014年第3期。

[284] 张三保、张志学:"区域制度差异、CEO管理自主权与企业风险承担——中国30省高技术产业的证据",《管理世界》,2012年第4期。

[285] 张三保:"地区制度差异、CEO管理自主权与企业战略选择——转型中国2002—2007年的证据",中山大学博士论文,2012年6月。

[286] 张维迎、柯荣住:"信任及其解释:来自中国的跨省调查分析",《经济研究》,2002年第10期。

[287] 张维迎、盛斌:"企业家——经济增长的国王",上海人民出版社,2014年。

[288] 张五常:《中国的经济制度》(神州大地增订版),中信出版社,2009年。

[289] 张长征、胡利利:"基于经理自主权的企业技术创新决策模型研究:来自陕西省技术型企业的经验证据",《经济研究导刊》,2011年第34期。

[290] 张长征、蒋晓荣:"股权集中度与经理自主权对技术型企业研发投入的影响效应分析",《中外企业家》,2011年第8期。

[291] 张长征、李怀祖、赵西萍:"企业规模、经理自主权与研发投入关系研究",《科学学研究》,2006年第3期。

[292] 张长征、李怀祖:"公司治理中的经理自主权研究综述",《软科学》,2008年第5期。

[293] 张长征、李怀祖:"基于经理自主权的报酬业绩敏感性模型构建与分析",《软科学》,2009年第1期。

[294] 张长征、李怀祖:"经理自主权、高管报酬差距与公司业绩",《中国软科学》,2008年第4期。

[295] 张长征、李怀祖:"团队自主权、报酬差距与团队效率",《系统工程理论与实践》,2007年第7期。

[296] 张志学、秦昕、张三保:"中国劳动用工'双轨制'改进了企业生产率吗?——来自30省12 314家企业的证据",《管理世界》,2013年第5期。

[297] 赵奇伟、熊性美:"中国三大市场分割程度的比较分析:时间走势与区域差异",《世界经济》,2009 年第 6 期。

[298] 赵泉民、李怡:"关系网络与中国乡村社会的合作经济——基于社会资本视角",《农业经济问题》,2007 年第 8 期。

[299] 赵怡雯、姚以镜:"'关系管理'是非正式制度",《国际金融报》,2013 年 7 月 31 日。

[300] 甄丽明:"IPO 超募与创业企业研发投资行为——来自创业板的经验研究",《证券市场导报》,2013 年第 9 期。

[301] 中国管理研究国际学会:"2014 年年会会议征文:立足中国实践,创新管理理论",学会官方网站,http://www.iacmr.org/ChineseWeb/Detail.asp?id=316,2012 年 10 月 23 日。

[302] 周黎安:"晋升博弈中政府官员的激励与合作",《经济研究》,2004 年第 6 期。

[303] 周黎安:"中国地方官员的晋升锦标赛模式研究",《经济研究》,2007 年第 7 期。

[304] 周其仁:"制度企业家麦高文",《IT 经理世界》,2000 年第 21 期。

[305] 朱斌、李路路:"政府补助与民营企业研发投入",《社会》,2014 年第 4 期。

[306] 朱武祥:"金融系统资源配置功能的有效性与企业多元化——兼论企业集团多元化测量",《管理世界》,2001 年第 4 期。

[307] 朱焱、张孟昌:"企业管理团队人力资本、研发投入与企业绩效的实证研究",《会计研究》,2013 年第 11 期。

[308] 朱羿锟:"经营者自定薪酬的控制机制探索",《河北法学》,2006 年第 1 期。

[309] 竺彩华:《外商直接投资与中国经济发展》,经济科学出版社,2009 年。

[310] 祝继高、王春飞:"大股东能有效控制管理层吗?——基于国美电器控制权争夺的案例研究",《管理世界》,2012 年第 4 期。

[311] 庄子银:"创新、企业家活动配置与长期经济增长",《经济研究》,2007 年第 8 期。

[312] 邹辉霞:"论企业家制度与制度企业家",《武汉大学学报(哲学社会科学版)》,2002 年第 6 期。

后　　记

　　本书所报告的研究，记录了过去几年我们在北京大学光华管理学院所进行的合作。2011 年 5 月至 2012 年 1 月，受北京大学研究生院选拔、教育部"研究生教育创新计划"资助，张三保作为访问博士生，前往燕园，受张志学教授指导，在北京大学光华管理学院开展研究。2012 年 10 月至 2014 年 9 月，张三保在中山大学管理学院获得博士学位后，进入北京大学工商管理博士后流动站继续从事研究，张志学教授担任合作导师。几年来，我们两人的密切交流与合作，促成了本研究的实施和完成。

　　本研究的顺利完成，得益于多方给予的资金资助与智力支持。我们由衷地感谢欧洲工商管理学院、北京大学光华管理学院、中山大学管理学院、武汉大学经济与管理学院为我们提供的便利条件，并感谢这四所机构中为本研究的完善提供宝贵意见的诸位同仁；感谢参与问卷调查的学界专家和业界高管，以及提供二手数据的世界银行企业调查部；感谢《管理世界》《中大管理研究》《南开管理评论》和《管理学家（实践版）》等期刊审稿专家提供的有益建议。特别感谢北京大学出版社经济与管理图书事业部的贾米娜编辑，她在本书的排版、校对和修改过程中，付出了巨大的心血。

　　长期以来，管理研究存在着泾渭分明的宏观和微观的分野。对于学者而言，这种分工促进了学术的专业化和同行之间的交流。然而，现实中的企业却汇聚了来自宏观和微观两个方面的影响力。因而，单一视角已难以准确理解其中的机制。为此，学者们开始了连接宏观和微观的探索。我们所报告的研究只是一个开端，很多问题还没有来得及深究。我们期望本书的出版，能在连接宏观与微观、融合东方与西方两个方面，为学界同仁今后致力于实现"立足中国实践的管理理论创新"提供一点启发。

作　者

2014 年 11 月